ジョージ・フレデリック・ワッツ『希望』（清水安三先生顕彰会　蔵）

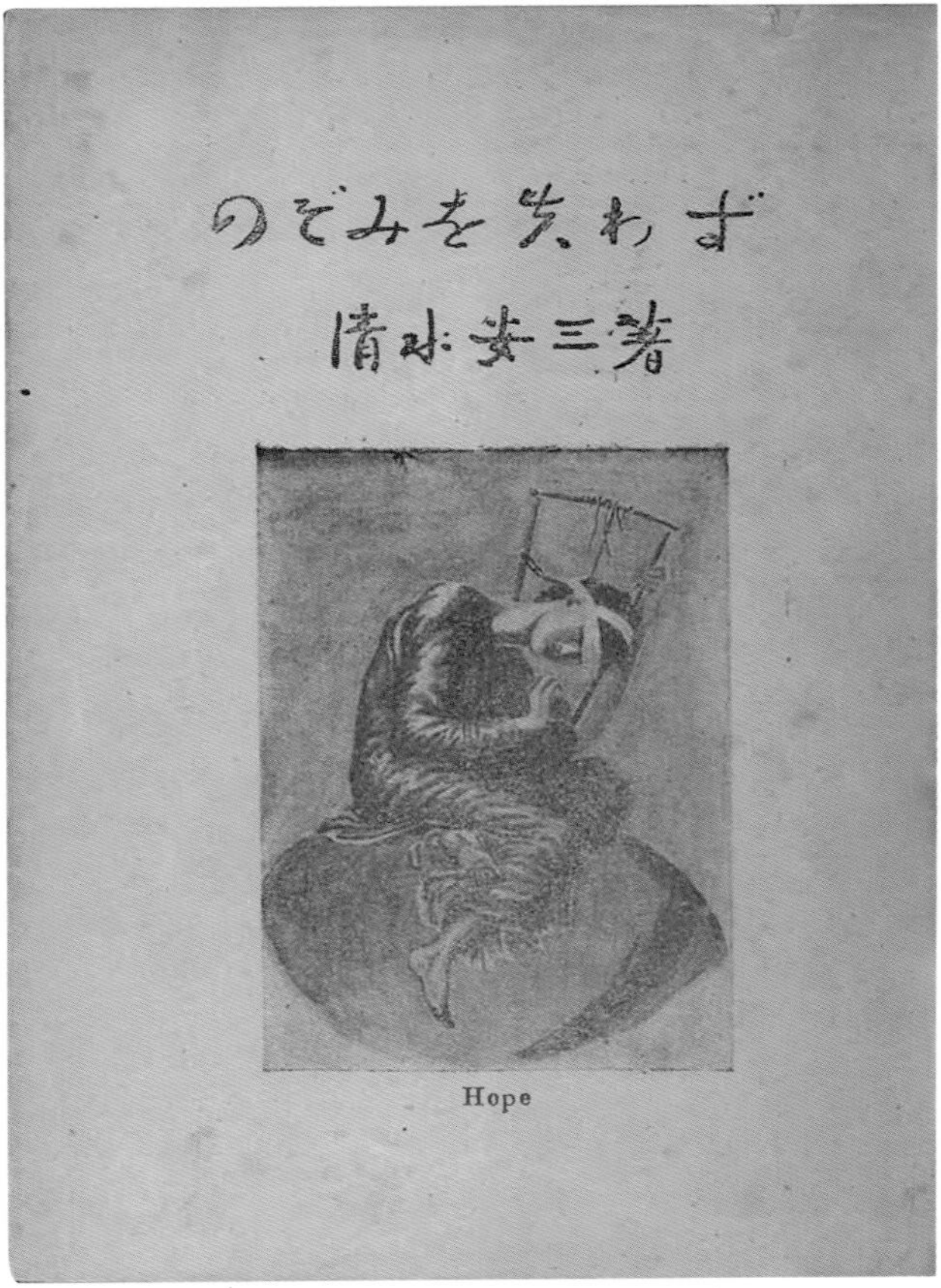

『希望を失わず』表紙　改訂第五版（昭和 26 年 8 月 1 日発行）

希望《のぞみ》を失わず

清水安三

桜美林大学出版会

『希望を失わず』復刊にあたって

桜美林学園理事長・学園長　佐藤 東洋士

学校法人桜美林学園は、二〇二一年五月二八日に創立一〇〇年の佳節を迎えることとなりました。

その間、様々な行事や式典が準備されていますが、記念事業の一つとして、創立者の偉業を振り返り、「次の一〇〇年をいかに歩むべきか」をみんなで共有するために著作の中から何点かを選び、出版する運びとなりました。その一冊目として出版するのが、本書の『希望《のぞみ》を失わず』（昭和二三年九月一日初版刊行）です。

初版が発行された際はページ数も少なく、冊子のような本でしたが、清水安三先生は本を持って、福島、茨城、栃木、群馬、埼玉、山梨、長野の各県を講演行脚され、講演の最後に本の広告をして、一冊ずつ買ってもらい二十数万円を得ました。先生はこれを旅費に渡米しようと計画していましたが、短期大学を開設するには理科実験室の整備が必要と文部省から指摘を受け、その費用に投じました。そして昭和二五年四月には無事に短期大学を開設されました。

短大開設後、再び近畿、四国の各地を講演して歩き、渡米の旅費を得て、昭和二六年三月に渡布（布哇《ハワイ》）、半年間ホノルルに滞在し、精力的に講演会を行いました。続いて北米へ渡り、カリフォルニア、オレゴン、ワシントン、ユタ、ネブラスカ、コロラド、イリノイの各州を巡錫《じゅんしゃく》（各地をめぐり歩いて教えを広めること）されています。次にブラジルのサンパウロに渡り、二年にわたる講演旅行を終えられました。

帰国後、この間に各地でいただいた寄付金と本を販売した資金をもとに、老朽化や破損がひどかった校舎の修繕改築を行いました。その意味でもこの本は桜美林学園の基礎を築くことに大きく寄与したといえます。

清水先生は昭和二一年三月一九日に中国から引き上げて来られましたが、北京を去る際のエピソードを以下のように記されています。（筆者要約）

郁子と二人で、崇貞学園の門を出ても、後ろを何度も振り返りながら立ち去った。学園を出て一キロばかりの朝陽門外大街まで出ると、学園チャプレンの老牧師が追いかけて来た。何かと思ったら、

「これを先生にお贈りしますから、持って行って下さい」と言う。

ポケットの中から取り出したのは一冊の新約聖書だった。その聖書の扉には「遇顛沛不失望」と墨で鮮やかに書かれてあった。日本の聖書には、「せん方盡《つ》くれども、希望《のぞみ》を失わず」と訳してある聖句だ。「顛沛《てんぱい》（つまずき倒れること）にあっても、望みを失わずですよ」と牧師は幾度も繰返しつつ私の肩を軽くたたいた。そして「再見」「再見再見」と言うや否や、駆ける様に学園へ帰って行った。

『希望を失わず』復刊にあたって

「為《せ》ん方尽《つ》くれども希望《のぞみ》を失わず」は桜美林学園の精神とも言うべき聖句であることも、本書を一冊目として選定した理由の一つです。

この新装版の刊行にあたっては、東京都立大学名誉教授・南雲智先生、ナルド社・佐藤貢士さん、論創社ほか多くの方にご尽力いただきました。ここに記して感謝に代えさせていただきます。創立一〇〇周年をきっかけに、本書が桜美林学園の中学校・高等学校の生徒、大学の学生、皆さんの指針になればと願ってやみません。

二〇二〇年二月吉日

◎凡例

一、底本として清水安三著『希望を失わず』改訂第五版（昭和二六年八月一日発行）を採用した。

一、かな遣いは、送りがなも含めて現代かな遣いに改め、旧字・異体字も新字体に修正した。その際、底本の明らかな誤字・脱字は訂正した。

一、外国語・外来語は現在、通用するものに改め、難解な語句や読み間違いやすい語句にはふりがなをつけた。

一、踊り字（ゝ、ゞなど）はわかりやすい表記にし、接続詞などの表記が現在と異なる場合は修正した。句読点の位置なども現代的な使い方に改めた。

一、現代の読者にとって難解な部分には注釈を本文中に補った。

一、著者による事実誤認と思われる個所はそのままとし、ただし可能な場合、注釈をつけた。

一、本文中には差別的との誤解を招きかねない語句もみられるが、著作の歴史的意義からそのままとした。

希望《のぞみ》を失わず

われら四方より患難《なやみ》を受くれども窮せず
為《せ》ん方つくれども希望《のぞみ》を失わず、せめら
れども棄てられず、倒さるれども亡びず
常にイエスの死を我らの身に負う
（コリント後書　四の八－一〇）

序

この『希望《のぞみ》を失わず』の一篇をわたくしはなおも希望を失わずという心持ちでもって世に送り出す。表紙に掲げた画（口絵参照）は、ジョージ・フレデリック・ワッツの名画「希望」の模写である。ワッツは一八一七年～一九〇四年の英国の画家であった。名画「希望」は眼は隠され、足は鎖で地に縛ばれた乙女が、たて琴に残るただ一筋の糸をかなでている。そして天上にはただ一つの星が、見えずとも輝いている。わたくしの目下の心持ちはこの乙女の心持ちである。

この原稿の成ったのは学園の桜が散り初めし頃だった。その頃から学園はせんぐりせんぐり（くりかえしくりかえしの方言）試みがひっきり無く襲うて来た。わたくしといえど、もうヘトヘトにならざるを得ない。この頃のわたくしは真夜中ふと目覚めてしとね（寝るときに敷く敷物のこと）の上に端座し、神に祈り道の拓かれんことを学園のために祈ることしばしばである。

この頃、上海の雑誌『希望』が二冊届いた。一冊の表紙は焼け跡に老父と老母がしゃがんでいる。その間に息子と娘が勇ましく立っている画だった。今一冊の表紙は激浪にもてあそばれている帆船の画である。戦災の焼跡に立つ中国の人々の姿が『希望』という雑誌の表紙になり、激浪にもてあそばれている帆船の姿が中国の『希望』という雑誌の表紙のカットになっているのを知ってわたくしは限りなく喜びを感ずる。そして目下わたくしは学園の経営者として、上海の雑誌『希望』のカットが教えるところの希望と同じ希望を抱いていることを告白する。

どうか激浪に揉まれているわたくしのため読者諸君はお祈り下さい。

終りにワッツの名画を模写してくれし桜美林学園英文科学生・篠崎剛三君と、本書のために美しい文字で書名をお書き下さった山崎光子先生に厚くお礼申し上げる。

一九四八年秋　八月十五日

東京南多摩郡忠生村桜美林学園にて

清水安三

追白

この書物の印税、その他すべての利益を桜美林学園校舎整備の費用に献《ささ》ぐ

目次

終戦から引揚まで

桜美林物語

中華民国10年（1921年）
当時の北京城（内城・外城）

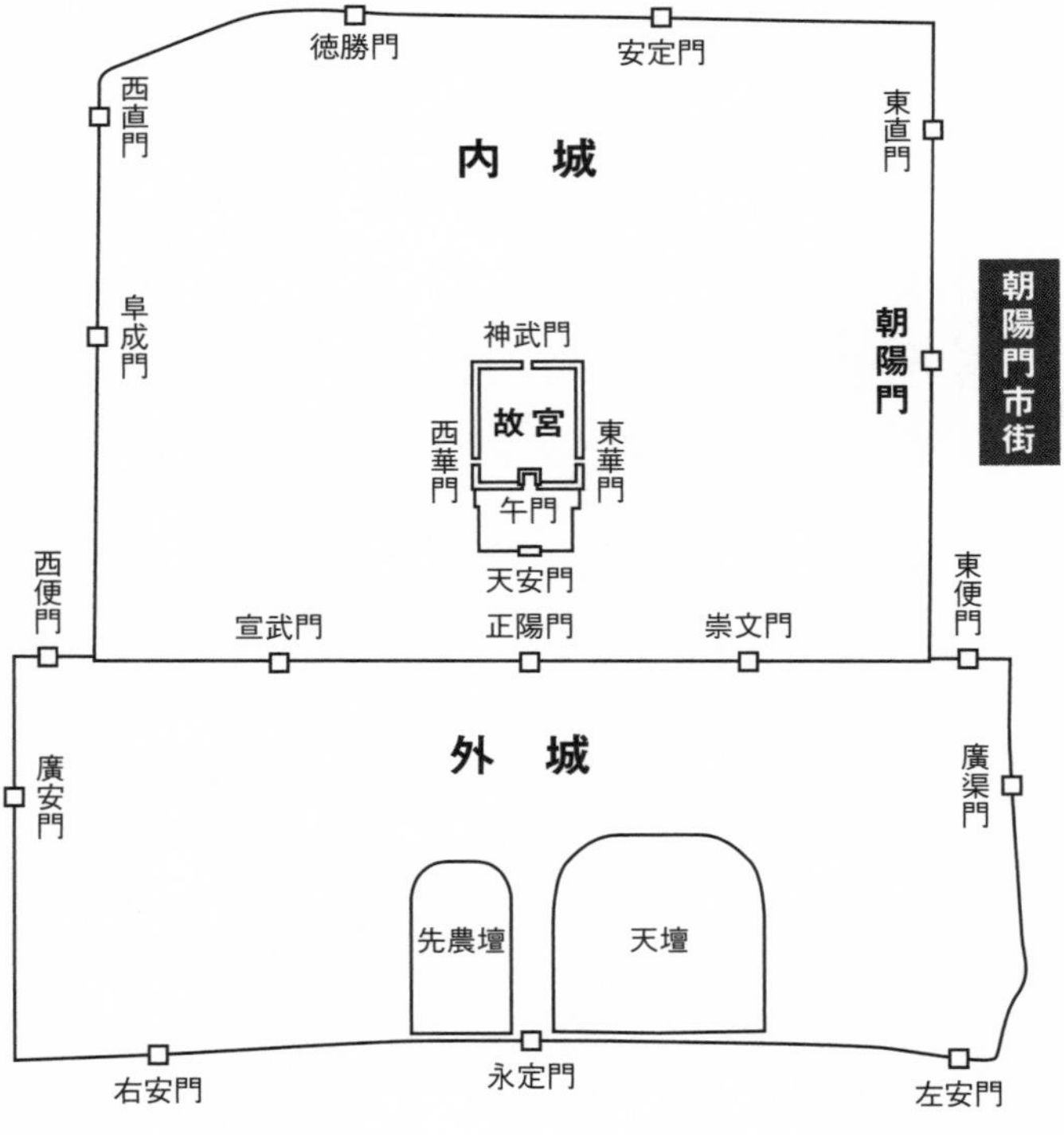

「朝陽門外」から

先年、朝日新聞社から拙著『朝陽門外』が、羽田書店から上泉秀信氏著『愛の建設』、それから隣友社から松本恵子氏著『大陸の聖女』が出版せられた。

これらの本はいずれも大同小異、同じことを別なる角度から見て、書いたものである。そしてその内容は、私や私の妻が、中国の貧しい人々のために建てた崇貞学園の物語を書いたものである。

これらの書物をお読み下さった人々は「敗戦後一体、かの崇貞学園はどうなったであろう。北京の聖者と呼ばれし清水安三氏は今も昔の如く、北京朝陽門外に頑張っていらっしゃるかしらあ」と心配して下さるであろう。

本著『希望を失わず』は、いわばこの三冊の本の続編みたいなものであるから、それらの人々には『朝陽門外』物語の後日ものがたりを読んで頂く前にもう一度記憶を呼び起してもらわねばならぬ。それからまた多くの読者の中には、これらの書物のどれも読まなかったといわれる人々もあるかも知れぬ。いずれにせよ私は『朝陽門外』の所々を抄記することから、筆を発足せねばなるまい。

中国に行く

私は二十六歳の時、中国へ行った[1]。私は同志社大学の神学部の卒業を前にして、ある日級友とあい語らい奈良へピクニックに行った。その折、図らずも唐招提寺を訪れたところ、寺僧から鑑真和尚のことを聞いた。

鑑真和尚[2]は唐の名僧であったが、海を渡って日本に来り、この寺を建てたのであった。彼が船出しようとすると、唐の皇帝は彼を惜しんで渡海を許さなかった。彼は脱走を試みて四度捕らえられ、五回目に脱走に成功して日本に来った。ただひとり鑑真のみならず、日本歴史をひもとけば幾多の傑僧、碩学が日本に来って、日本の文化のために生涯を献げている。

私は、かれらに学んで、中国に渡ろうと決心したのであった。ひそかにかかる決心をしている折柄、私はホレース・ペトキン[3]の話を聞いた。

ペトキンは保定（現在の中国河北省にある都市）に駐住する宣教師であったが、団匪（義和団の別称。排外運動の集団）が、保定に迫ったので、夫人と一子ジョンを伴って、天津の義勇艦隊へ避難した。

妻と子を艦に残して、艦橋を下ろうとした時に、米国総領事は「ペトキン君、保定に行ってはいけない。危険だ」と叱りつけるようにいった。しかし彼は、

「よき羊飼いは羊を棄てはしません」

といって保定に帰った。彼は保定へ帰って間もなく団匪のために惨殺された。しかし、彼が彼の母校エール大学に宛てたる遺言状には、

「エールよ、エール。エールはどうか、我が子ジョンが二十五歳になるまで育ててくれ。そして彼が二十五歳になったなら、どうか私の遺業をなすために保定へ来らしめよ」と認めてあったそうな。

私はこの物語を聞いて、いよいよ決心を固め、大阪のクリスチャン実業家六名(4)の支持を受けて、中国へ渡ったのであった。

(1) 大正六年（一九一七年）五月三十日、神戸を出帆。一年間半、奉天（現在の中国遼寧省瀋陽）で中国語を勉学、大正八年三月北京に移った。

(2) 鑑真和尚は種ケ島に漂着、盲目になり、奈良に来られた時は、聖武天皇は東郊までお出迎え遊ばされた。弘法大師は孫弟子とでもいうべき人。

（3）ホレース・ペトキンの名を刻めるアーチが米国オベリン大学のキャンパスに建てられている。
（4）私を支持してくれた大阪のクリスチャン実業家は、高木貞衛、吉田金太郎、船橋福松、荒木和一、大賀寿吉、青木庄蔵の諸氏。

崇貞学園の創立

私は、今からあたかも三十年前（一九二一年のこと）に、北京の朝陽門（かつて明・清の時代、北京城東側にあった門の一つ）外に「崇貞学園」を創立した。

月十四円の家賃でもって民屋を借り受け、二十四名の少女を集めて、工読学校[1]を始めたのであったが、その学校は終戦の日まで続いた。

学校で、輸出ものの刺繍、アップリケを製作して海外に販路を広めたために、朝陽門外一帯は刺繍の産地となり、各家庭の女性は老婆から幼女に至るまで、皆刺繍を作って、男達はその糸を取りに行ったり、製品を届けたり、婦女の手伝いに追われるほどに流行した。

そして一年に四百万円もの輸出が[2]、朝陽門外から世界中に向って送り出されるに至った。

このことが、日本の九重（皇居のあるところ）の奥にも聞こえて、御下賜金を携えたる使者が、わざわざ東京から差し向けられたことすらあった。

（1）工読学校というのは、Labour and Learning＝アルバイト・シューレ（工かっ読書）のこと。

（2）四百万円の輸出というも今日の四百万円にあらずして、牛肉一斤が二十銭、鶏卵十個が五銭の頃の四百万円であるから大きい。

富者のトラスティシップ

学校を経営するには、大金がいる。どうして得たか。

最初の創立の費用は五百八十円であった。それは北支（支那北部の意味）旱災《かんさい》飢饉の折、開いた災童収容所(1)の残金であった。

一番最初に大金を寄付してくれた人は、神戸の実業家・田村新吉氏だった。田村氏は一面識もない二十八歳の白面の青年に五千円を与える前に、別室に退き、立ったまま祈って、「神よ、この青年に僕があなたから、預れる宝を渡すべきでありましょうか」と神様に問い、しかるのち小切手を書いて下さった。よく米国富豪のいう、トラスティシップ（信託主義）とはかかる態度をいうのであろう。

次に、これまた五千円寄付されたのは、森村市左衛門（森村財閥の創設者、六代目市左衛門）氏だった。私がどうして、森村さんを狙ったかというと、私の姉が、私の小学生のころ目白の女子大学（日本女子大学を指す）に行っていた。姉の住む寄宿舎は「豊明寮」というのだった。私が手紙を姉に書くとき、いつも「豊明」とは変な名前だと思えてならなかったから、夏休に帰省した姉に、

「豊は豊臣秀吉、明は明智光秀かね」と問うと、

「そうじゃない。森村市左衛門さんには豊、明六、開作とお三人のお子さんがあったが、豊、明のお二人が若くしてお亡くなりになってから、財産を三分して、三分の二の財産から得たもうけは皆学校とか社会事業に寄付されるのでね、成瀬先生[2]はその寄付で寄宿舎をお建てになったのですって」

そんなわけで少年の頃から森村市左衛門という名を覚えていた。大抵のお金持は靴の底が磨り減るまで通わせて、それから寄付したり、しなかったりするものであるが、さすがに森村さんは一ぺんに寄付して下さった。森村翁もまたよきトラスティシップの実践者であった。

備前倉敷にも、トラスティシップの権現《ごんげん》のような一人の富豪があった。大原孫三郎（大原財閥を築いた実業家。基督教の協会員でもあった）氏は実に崇貞学園のドル箱であった。ある人が私のことを悪くいったら大原さんはこういわれたそうな。

「わたしは清水安三という人がいかなる人物であるかはよく知らない。けれどもここに一人の日本人が中国の貧しい人々のために生涯を献げるという以上、それを助けざるを得んではありませんか」

といわれたそうな。

その外にも崇貞学園の恩人は沢山ある。初めの十五年間の月給を払われし大阪萬年社の高木貞衛氏、後の十五年間私の月給を払われし近江八幡のメンソレータム会社、校舎を建て下されし、わかもとの長屋欽彌（わかもと製薬の創業者）氏、楢崎武子夫人(3)、それからいつもお小遣いを下されし岩崎清七（磐城セメントを創業するなどした明治期を大補揺する実業家の一人）氏、その他約三千名、皆私を通して、神と中国の貧しい人々に財を献げられし人々である。

私は崇貞学園のために一万数千坪、大小二十二棟の校舎を建てたのであるが、寸土といえども購わずして得しこととてはなく、一塊の煉瓦といえども値なくして得しものはなく、絶対に分捕ったり、占領したりせずして一大事業を成しえしは一重にこれ等の人々の義援献金があったればこそである。

ある人がいうに、米国ではなぜ共産主義が流行せぬか。それは米国の富豪が蓄積せし財をどしどし世の公益のために出すからである、と。我国の富豪はなかなか出さぬ。けれども暁の星の如くではあるが、我国にもトラスティシップの実行者はある。森村、大原氏等はその人々であった。

(1) 大正（民国）八年（一九一九年）に、北支五省に旱魃と飢饉があった。世界各国競ってその救済のため募金した。日本でも渋沢栄一氏が音頭取りで大々的に募金された。私はそのお金一万二千円を受けて、麦の収穫まで半年間災童を収容して、自ら災童収容所長となり、七百九十九名の少年少女を救った。

(2) 成瀬仁蔵氏、日本女子大学校創立者。

(3) 労働代表として、ジュネーブに使わされし楢崎猪太郎氏未亡人。

死して中国に行く

故清水美穂は私の亡妻である。

彼女は災童と共に自ら裸になって、風呂に入り生れて初めてお湯に入りし、中国の子供等の背を擦ってやった。天然痘のかさぶたをぶつぶつ皮膚に吹き出している子供からさえも、手を引っこめなかった。

また彼女は門番の呉爺の太々《たいたい》（中国語で夫人の意）が、肺を病めばその看護をし、アルコールで皮膚を拭ってやったりスープを飲ませたりした。

朝陽門外一帯に刺繍アップリケの製作を普及せしめたのは清水美穂であった。彼女は工読学校を建てて姑娘《クーニャン》（中国語で少女の意）達に刺繍を一生懸命教えたのであったから。

彼女は朝陽門外で働けること十年、ついに結核を病んで日本に来り、京都の府立病院で腹膜炎を病んで死んだ[1]。

彼女の臨終は実に立派だった。いよいよ自ら臨終と悟るや寝衣を着かえさせて頂き、病室を整頓してもらって後、徐《おもむ》ろにあえぎあえぎ苦しい息の中から次の言葉の断片を語った。

「私の白骨を北京に持って行って、崇貞学園の校庭に埋めて下さい。私の骨それは私の中国に献げる最後の物ですから」

「我を忘れてした事業ですから、決してつぶれはしませぬ」

「ミス・デントン[2]に宜しく、私はミス・デントンに同志社の女専時代の学資を毎月頂きました。私はそれをお返しせずに死にますが、その代り私はミス・デントンを真似して、中国の貧しい女学校に学資をお上げしました。どうぞそうお伝え下さい」

私が彼女が最後まで闘病することに依りて、万一にも峠を越しえはせぬかと考え

「お前には幼い三人の子供があるではないか、せめてもう十年生きなければならぬ」

といって激励すると

「私もそう思って神様にお願いしました。ところが神様が『お前はもうわしのところへ来なさい。お前の子供はわしが育ててやる』と仰有るのです。パパ、そら今も神様がまねいていらっしゃる。私はもう一足お先へ行きます」

皆さん讃美歌五〇六番と言い、ベッドを取り囲む人々[3]と共に唱い出し、唱い終ると「パパあんたひとりで三節を唱いなさい」と言った。私が第三節を唱い終ると

「パパしっかりやりなさいよ」

彼女は八名もの人達の前に、これだけのことを言って神の御許へ昇って行った。

(1) 清水美穂の死去は昭和八年(一九三三年)十二月十九日午前十時。

(2) フローレンス・デントン女史は米国人。同志社女学校の大きい煉瓦建の校舎、講堂は女史が募金して建てしもの、女史には婚約せし青年紳士があったが、宣教師として日本へ来るためにその青年の同意をえて破約した。その青年紳士も生涯独身で貫き、八十歳になって日本へ漫遊渡来して京都を訪れ、一生かかってえし財産を悉く同志社に寄付し帰って行かれた。先頃デントン女史は故人となられ、今年(一九四七年)一月二十三日葬儀が行われた。

(3) 美穂の臨終に立ち合いし人々は星名夫人、南石夫人、堀内夫人、佐藤安太郎氏その他。

小泉郁子の参加

青山女学院、専門部教授小泉郁子は東京女高師を出で、東大に聴講生として勉学、更に米国に渡り、オベリン大学、ミシガン大学で勉学九年の後日本へ帰って青山女学院専門部長の地位を保ちつつ東京で活動していた。毎日新聞の質問応答欄に執筆されたのを始め雑誌、新聞に寄稿したり、種々なる文化団体に名を出して活動していた。昭和八年の汎太平洋婦人大会には代表の一人としてハワイに遣わされた。

彼女がハワイの汎太平洋婦人大会で泌々感じたことは、「中国国民と日本国民が協力提携するに至らねばどうにもならん」ということだった。特に日本の代表ガンドレット恒子女史を次期の会長に選ぶ選ばないでもめた時に、小泉郁子は中国の婦人代表と交渉する役を承ったがために切実に、そう感じたのであった。

彼女がハワイの汎太平洋婦人会議から、帰ったばかりの時に、私から次のようなことを認めし手紙が行っていた。

「僕は三人の子供をかかえて弱っています。長男は旅順《りょじゅん》の中学に行ってますから、それはそれでよいとして、娘と末子とてもかわいそうです。私が旅行する時は末子はつれて歩くのです、先達も青島《チンタオ》から上海へ旅行したのですがつれて行きました。つれて行った末子は旅に疲れはてて麻疹を出し、娘は娘で留守中市井の人々に預けて行きしために流行歌を覚えたりしているのです。困ったものです、どこかに適当な後添があったら紹介して、あんたは一つマッチメイカーの労を取ってくれませんか」

こういう手紙を受け取った小泉郁子がある日青山学院の創立七十年記念式に出席した。

それが記念式だけであると別に何でもなかったのであったが、記念式に引き続いて学院の歴史を物語るところのページェントが演ぜられた。役者は学生だった。

何げなくその劇を見ていると青山学院が明治の初年、築地でここの声をあげたときはただのほんの小さい寺子屋であった、一二の女性宣教師が日本の貧しい少女を集めて、刺繍を教える学校であったことがわかった。

彼女はその劇を見終るとその足ですぐ学院の事務所へ行き、創立七十年紀念募金運動の会計へ懐にあるだけのお金を寄付し、またその足で郵便局に至り北京の私へ、「フッツカナレドモ、ワタシガ、ゴサイニユク」と打電した。

昭和十年（一九三五年）七月二十七日、彼女は書箱と家具衣服五十個を携えて、四十三歳の花嫁として北京へ乗り込んだ。

彼女が来た時には崇貞学園には六十何名の生徒が、二棟の支那家屋に勉強しているのみで、本当にブランコ一つない学園であった。

けれども彼女が来てから、年として一棟を購うが建てざるはなく、月として生徒の数を増さざる月はなかった。

朝鮮服を着て

日支事変（一九三七年〜）前から北支には朝鮮人の居留民が住んでいた。彼等の子女にして崇貞学園に学ぶものが少なくなかった。

日支事変後はうんとこさと朝鮮人がやって来た。それがために私共は日本人部を別に設けて、高等女学校の認可を得、朝鮮少女を集めた。

私共は朝鮮の娘達をまるで目の中に入れんばかりに可愛がり手塩にかけ育てた。

時折私共は朝鮮服を着、彼等を喜ばせたものである。春の雛祭や秋の運動会などには、朝鮮服を着るのを常とした。

朝鮮の少女も私共によく仕えてくれた。私が下衣（下着のこと）を脱いでおくと、いつの間に洗濯しておいてくれた。私はこんな物は娘に洗わせてはと思って、壁に懸かってある額の後ろに隠しておくとそれを見つけて、ちゃんと洗って、

「先生、こんなところに汚れた下衣をしまっておくものではありません」

と、紙片に認めておくのであった。何といういじらしい人々であろう。

「朝陽門外」から

終戦まで

拙著「朝陽門外」が、朝日新聞社から出版せられたのは昭和九年の頃であったから、その頃から終戦に至るまでの歳月は約十年である。本章はその十年間に私共が飲み干せる、苦い杯の手記である。

老北京

老北京《ラオペイチン》、老上海《ラオシャンハイ》という言葉がある。北京や上海には在住長いものは四十年、短いもので二十年のものがいた。それらの日本人のことを老北京、老上海と呼んだ。

日支事変前の老京居留民の数は五千、六千を出でなかった。彼らには中国政府や銀行、会社に傭聘者《ようへいしゃ》、軍人、外交官、商売人、留学生いろんな人々がいたが、とても親しくつき合うたものだ。往来で逢った乗れる人力車と人力車が、過ぎ合っても互に声を掛け合って会釈をかわし合うことを忘れなかった。

こんな風であったから、誰いうとなく北京村という名が生れた。中国人の北京は大都市ではあったが、日本居留民にとっての北京は小さい村であったからでもあるが、村中の人の名前を皆覚えていたり、村で誰が何をやらかしても村中のものの評判となるのであったから、戸数や人口の点からばかりかく呼んだのでなく、名実共に在留同胞は部落生活を営んだものだ。

日支事変が起って、北京村出身の老北京の軍人は一人残さず軍の大物となり、大将になったり大臣にすらなったりして、日本全国にその大名を轟かせた。土肥原、多田、喜多、柳川、及川、鈴木貞一というような人物は皆中少尉の頃から大佐時代までを北京で過ごした。

ところが事変中軍人以外の老北京の連中は、少数の例外を除いて大部分失意の地位に置かれた。老北京は中国語はぺらぺらであるし、しかも一角の支那通ではあるし、軍も官も大いに用いるであろうと心窃《こころひそか》に期待していたのであった。老北京の中には相当の人材もいたのであったから適材適所に用いてやれば、軍人としてあるいは策士として土肥原や喜多のやったくらいのことは誰でもやってのけたと思う。また何もわざわざ内地（ここでは日本のこと）から、中国語を一言半句知らない人々をつれて来んでもすぐ間に合う人物が北京には長年沢に潜んで待っている竜の如くに幾らもいたのであった。

けれどもそれらの老北京を用いようとはしなかった。どうして老北京を用いないのであろうか、盛んに活躍している老北京出身の軍の大物が、気がきかないのであろうか、一つ示唆してくれようかと言うものもあった。

が、しかしそれは気がつかぬのでも何んでもなく軍は賢かったのであった。

何となれば老北京の人々は何分、中国の政治の中心にいたから、他の中国の各地居留民に比べて、ずば抜けて高級なる見識を持っていた。彼等は軍に用いられるべくあまりにもプロチャイナであった。この事を老北京のメンバーの軍の大物はよく承知していた。一般の老北京の人々ですらそっぽを向けられ、のけ者にされ白い眼で見られ、敬遠されたのであるから、私の如きが重くも軽くも用いられようはずがなかった。

特に私は軍からも官からも変り種とされ、冷たく扱われ馬鹿にされ異端視され睨まれ、ブラックリストに載せられ通した。

私が省みてどういう訳であまで、白い眼で見られたのであろうか、自ら詮索して見るに、それには三つの否四つの理由があったかと思う。

私が基督《キリスト》者であること。

私の思想がリベラルで、若い頃即ち三十年前に盛んに北京村の雑誌や新聞で社会主義や世界主義を提唱したから。

私があまりにもプロチャイナであるから。私が何を考え何を論ずるにも中国国民の身になって考え、論じたから。

それからもう一つ私の人格に徳が足りなかったから。

今となって見ると老北京が、軍にも官にも用いられなかったことはよかったと思う。小山君や持原君の如くに用いられていたら、今頃は終身懲役かそれとも死刑に処せられていたろうから。

かえって恵まれた境遇

それにしてもどうしてああまで、北京村の人達に誤解され鼻つまみ者にされたのであろうか、それには私とても思い当ることが無いでもない。いわば墓穴を掘ったのであった。一番最初に北京村の人々の御機嫌を害したのは忘れもせぬ、五四運動《ごしうんどう》(1)の時だった。

一人の日本人医師の乗れるフォードが中国の学生のデモと衝突して、乗っていた医師が軽傷であったが怪我をした。それから日本小学校の学童が石をぶつけられた。石はあたりはしなかったが父兄等は大層心配、大恐慌だった。

そこで北京村は喧々ごうごう居留民大会を開き、東京政府を動かせて強硬なる抗議をせしめるべく満場一致で決議することとはなった。

この居留民大会でよせばよいのに私は将に満場一致可決せられんとする間際につと立って、

「議長」

と叫んだ。議長は彼の有名なる支那通志士某氏であった。

「興奮せる学生のデモが四列五列に並んで、大家起来《たじゃちいらい》、皆んな立ち上がれと呼ばわり行く、そのデモの行列を自動車でもって、横切るというならまだしも、縦切るということは諸君どうでしょう。これがどっか外の国で行われたら、その自動車は滅茶苦茶に壊され、その乗者は殺されなければ半死半生にやっつけられるでしょう。中国人であるから軽傷ですんだのです。

また学童が石を投げられたというが、日本の子供達が学生のデモに向って、からかったりしはせぬか。私は学童達が中国学生の口真似をして、『大家起来《タジャチーライ》、国家将亡《グオジアジャンワ》』（皆んな立ち上がれ、国まさに亡びようとしている）とか何と口真似してるのを見た。

我々は東京に住んでるのではない。よその国の首都に住ませてもらってるのである……」

ここまで言うと国賊々々という声と討論終結という声が聞えた。私ははっと我に返ったが議長は私の演説を遮って、

「このごろ耶蘇教《やそきょう》が北京の日本人村にも来って……」

と言い出し何かむにゃむにゃ数分、小さい声で喋って後決議案を外務省、陸軍省へ打電することを可決に導いた。

これが私の北京日本人村に発言せる最初であった。

蘆溝橋《ろこうきょう》(2)で火蓋が切られた時にも居留民大会が開かれた。在留民保護のため日本政府に直ちに出兵すべしという決議を東京政府へ打電せよというのであった。その時には、

「我々居留民の命も大切ではあるが、我々の生命の保護のために陛下の軍隊を煩わすことはあまりに勿体ないではないですか。日本の軍隊は傭兵ではないのであるから、また我々のために日本国家の国策をあやまらせたくない。我々は死んでもよいから……」

この時も私は終まで説を陳べることを許されなかった。そして居留民が悉く公使館に引き揚げたにも拘らず、私は中国人の中に止まって動かなかった。

北京に神社を建立するという時にも、

「日本の神道は国家的宗教の範囲を未だ脱せない宗教である。その点仏教とは違う。そしてここは中国であって、日本の国土ではない。しからば国家宗教の神社をよその国のしかも首府に建てるが如きはどうかと思う。もしも建てたいならば朝陽門外の墓地に廟として、森厳なる森をこしらえたらどうか。祖廟としてならばよかろうではないか」

といってよせばよいのに神社建設に反対したりしたものだ。

北京三十年、私は本当に自ら求めて周囲に敵を作ってばかりいた。がしかし、人間は敵の中に生きるに限る。衆人環視の中に生きてさえいれば、しくじることが決してないから。

もしも私が北京三十年大過なく、尻尾を出さずに生きえたものとせば、それは私が光る視線の只中に年から年中、生き通したからである。もしも聊かでも私がこればかしの罪悪を犯したとしたら、この時とばかりに私は北京村からほっぽり出されたであろう。本当に私は恵まれた境遇に生きたものである。

こういう私とても時には寂寥を感じ、時折は耐えられぬ孤独に、泣かざるを得なかったが、それは自業自得であったから、それでよいとしても私の友人達は定めし、私という友を有するために北京日本人間の社交を害し、さぞ肩身の狭いことであったろう。それを私はいつもお気の毒に思い、また申し訳ないことだったと思っていた。

(1) 五四運動は民国(大正)八年(一九一九年)五月四日、北京で起った。最初の中国民衆運動だった。まず北大教授陳独秀《ちんどくしゅう》、胡適《こてき》の提唱により文学革命の狼火《のろし》が揚げられ、北大学生羅家倫、傅斯年等の指揮の下に学生運動が起り、その遊街会（デモ）は、親日政治家曹汝霖邸を焼打した。

（2）蘆溝橋事変こそは日支事変の最初の一発であった。あの折隊長は牟田口廉也氏（当時、陸軍の連隊長。後に中将）だったが、あの人が温健なる処理をしていてくれたら、日本二千年の歴史は汚れずにすんだろうに、隊長が人もあろうに桜組（陸軍の急進派「桜会」と思われる）の軍人だったとは。

人生の辻々に立つマリア様

かく言う私といえども、敵ばかりではなかった。味方もあった。沢山あった。特に肝心なところ、要所々々には私の味方が待っていた。

私はロシアへ行ったことはないが、ハルビンへ行ったことがある。ハルビンの町には辻々にマリア様の像が立っていた。日本でも村々の入口や町々の隅に地蔵尊が立っている。

私の北京における人生行路の辻々にも慈愛の神の使者が立っていた。天津のYMCA（キリスト教青年会。Young Men's Christian Association の略）が日本憲兵隊の本部になっていた時、エドワード総主事に頼まれて、YMCAを返してもらいに行った。私は蹴飛ばされたり、殴られたりする位のことは覚悟で行ったのであったが、心持よく返してくれた上に占領以来の家賃までも支払ってくれた。

その折、憲兵隊長が会館返却の事務を了したる後に、

「実は私の姉と姪が、先年お宅に泊めて頂いてお世話かけたそうで」

と、いんぎんに挨拶されたので初めて肯き合点しえたのであった。その隊長のお姉様という人は美しい大きい人形を沢山に作って、自らそれを北京へもたらして中国の上流の家庭へ贈られた。その婦人仏教徒でお寺の娘であったが私は自宅にお泊めして、自ら通訳にもなって中国の家庭へ東道《とうどう》（来客の案内や世話をすること）申し上げたのであった。よもやその婦人の令弟がちょうどよく天津へ来ておられようとは思わなかった。

それから崇貞学園の理事に王という、北支切っての実業家があった。この人が保定に北支で第一の大製粉工場[1]を持っていた。ところが日支事変が進み行く裡にそれが取り上げられることになった。「さあ困ったどうしようかというので、私にすがって来た。私は元より微力のものどうにもならぬ。そこで恐る恐る特務機関長喜多少尉[2]のとこへ行ってみた。ところが喜多少尉に「初めてお目に懸かります」といって、挨拶すると出しぬけに、

「僕は膳中（著者の出身校である膳所「ぜぜ」中学校のこと）卒業ですぜ。あんたも膳中じゃそうななあ」

いって、私を喜ばせ実に気軽い態度でもって、王氏の製粉工場を取り上げないで王氏に自由経営させることにして下さった。

「中国人がよう経営できんと言うなら、軍経営にせんならんが、できるんじゃったら、取り上げる必要はない」

と言って、私と王氏との歎願を聞いて下さった。その時王さんが一万円(3)を新聞紙に包んで携え行き喜多さんの前に献げたら、

「これ何んや。金か」

といって、左手でちょっと捧げ頂いて後、

「清水君、君もらっておけ、学校に使いな」

といって、私に手渡された。

宮崎申郎氏は後にはイラックの公使になられたが、興亜院の文化部長として二年ほど北京にいられた氏は在任中、崇貞学園を助けて東京にもないようなジムナジアムを建てて下さった。

この項を終る前に私はどうしても、もう一人の尊い救いの御手を物語らねばならぬ。

北京政府の教育局に某という日本人の顧問がいた。その妻女は大阪の梅花出身であると

聞いたから万更私共と関係が無いわけではなかったが、恐ろしくアンチ崇貞学園であった。どうして、あんなに崇貞学園いじめをやらかしたのか、いまだにわからない。

ある年私共の学園へ長尾という先生が遥々日本から赴任して来られた。長尾さんが来る早々憂鬱な顔して、ふさいでいらっしゃる。

「どうしたんですか」

「……」

「どうしたんですか」

私共が問い詰めると
「実は崇貞学園は潰れてしまうであろうという人があるんです」

「大丈夫ですよ。潰れなんかしませんよ」

「それでもぶっ潰すといってる人があるのですもの」

段々聞いてみると教育局の顧問のその某の言うことであった。某はあらゆるたくらみを尽くして、崇貞学園が潰れるよう潰れるように仕向けたけれども、崇貞学園は網の目をくぐる小魚のように泳ぎ廻り行った。ところがいよいよ崇貞学園が彼の手に依って、ぶっ潰されうる時機が来った。それは日本が太平洋戦争に入ったその時だった。北京中のミッションスクールが残らず市立の看板に書き換えられ、没収されるその機会に崇貞学園も没収してしまうというのが彼の隠謀だった。

その時に計らずも崇貞学園に向け、御下賜が下がったのであった。業々内帑金を携えて興亜院の書記官が派遣せられた。

その時某氏は叫んだそうである。「もう三日御下賜金の御発表が遅かったら、崇貞学園はもうこの世に存在しなかったのに」と。

その頃の時代においては、日本の悪い者の隠謀を阻止しえるものは天皇陛下の御力しか外に無かったのであった。

崇貞学園の中学部は五年もの間公認を北京市政府教育局に願い出て、靴の裏磨り減らして教育局へ通うたが、どうしても認可が下らなかった。そのために卒業生は高級中学校へ進学できないので皆困ったものだ。ところが御下賜金が下って間もなく、その某は何か官吏としての罪を犯していたのが暴露したとかで、北京から追放せられ河南へ左遷せられたために漸く認可を得ることになり、晴れて中学校生徒募集の広告を北京中の新聞紙に載せ得るに至った。

これは余談に過ぎないが、その某は河南で死んだそうである。

（1）保定の乾義公司（会社を意味する中国語）。
（2）喜多誠一氏。大将となって満洲牡丹江の司令官に任ぜられ、終戦後ロシアで病死されし由転々哀悼の情禁ずる能わず。
（3）その一万円で私は崇貞学園に美しい、王宮のような図書館を建てた。

渡米の途上

一九三九年十月五日、私は北京のわが家を立って渡米の途に上った。できるだけ軽いスーツケースをと考えて皮製のを持たず、わざわざファイバー製のものを五十円出して買い求め、それに北京の絵葉書を一杯詰めて携え行くことにした。荷物といえばそれだけの支度であった。

一枚の着替えも持たなかった代りにワイシャツも、下着も、ハンカチも皆新しいのを着て行くことにした。

汽車の切符は上海まで通しのを買ってもらったが、旅費としては僅か五十円を家の会計から持出しただけであった。

南京で下車して人を訪れたり、風景を見物してる裡にがま口は一度はからっぽうになったが、三、四回講演したために、二三百円もはいり、シャツは汚れたが、ちょうどよく友人の佐藤貫一君(1)のサイズが同じであったので、私のを置いて佐藤君のを着て上海へ行った。上海では蘇州、西湖見物にも出掛けたので、再び財布はからっぽうになったが、ここでもまた二三回の大講演会が開かれたから、小千円にふえたのであった。シャツはちょうどよく三菱の門田君の首が私と同じ太さだったので、南京の佐藤君のと交換して、洗濯しだってのを着て上海を立ちえた。

上海から台湾に渡った。台湾では基隆、台北、淡水、台中、台南、彰義、嘉義、高雄の各処で講演せるが、どの町でも内地人（日本人のこと）と本島人（台湾人のこと）と両方に頼まれたので、二回ずつ講演した。いずれの講演会も満堂大入だった。

台北では憲兵隊にちょっと呼び出されたが、気をつけて喋るよう注意されただけで、拘留には処せられずにすんでよかった。

私に一人の義兄があった。それが生涯を台湾教育に献げた。その門弟が台湾の各地にいた。それ等の人々が今では相当の社会的地位にいて私を宴会に招くのであった。朝食も昼食も夕食も皆約束済みになるとそれでは、夜の十一時に夜食の宴をという歓待振りであった。さすがに夜食の宴は湯《スープ》とか粥とかいうような腹にもたぬお菜ばかりが出された。

彰義で実に感心な話を拾うた。何でも英人宣教医がこの町に来て病院を開いたんだそうな、一人の台湾の娘が太股に大きいおできが出来切らねばならぬことになった。英人医師はそれを切開した後に傷口を塞ぐため自分のミセスの皮膚の一部をそいで、台湾娘の傷を治療したというのである。その英人宣教医もその夫人も今はすでに故人となっているが、その娘が今もなお病院の看護婦をしていて、問う人毎に股を示して亡き英医を讃えてるというのである。

嘉義では半日の暇を作って、呉鳳《ごほう》（漢民族の民間信仰に登場する人物）の廟《びょう》に詣でた。彼は通事《つうじ》という官吏だったそうで、謂わば、漢人と蕃人《ばんじん》（日本統治時代の台湾の先住民）との間に通訳の如きことをする役だったらしい。生蕃がどうしても首を欲しがるので自分の首をとらせたというのである。それ以来阿里山の生蕃は首狩をせなくなったという話は、私が少年の頃、休暇毎に姉と共に帰って来た義兄からよく聞かされた物語であった。この呉鳳の物語は日本の小学校の教科書に載せられたから、今では誰でも知っているが私はまだ内地では殆んど誰も聞いていぬ時分から知っていた。私の一生においてこの呉鳳の話くらい影響を及ぼした物語はなかろう。

私に呉鳳を物語ってくれた義兄は小竹徳吉という人格の高い人物だった。彼が早稲田大学の前身だった東京専門学校の学生の時、台湾が領せられた。一日新聞に台湾に行く小学校教員二名の募集が載った。級友の赤松氏と共に早速に志願して渡台した。赤松氏は高砂《たかさご》族の教育に小竹は熟蛮《じゅくばん》の教育に当らしめられた。前者は生涯生蛮の村落に住み込んで教員生活を営んだが、晩年に至って遂に首を奪われ殉職せられた。

義兄の小竹は大稲程《だいとうてい》、淡水《たんすい》、アモイの三ケ所に十年ずつ教鞭を採り校長を勤めた。彼は死後表彰されて私が台湾を講演旅行せる頃はまだ、台湾神社の神に祀られていた。私は台湾の各処で義兄の門弟と謂う人々に出逢った。台湾では誰でも知っている人物に杜聡明という医博がある。彼もまた義兄の門弟の一人である。ある日杜博士が私にこういうことを言った。

「大稲程でも淡水でもアモイでも小竹先生がおられた時代から、人物が出て小竹先生の在任の前にも後にも同じ学校であるのに人物が輩出しなかったのはどういう訳でしょうか」

と。嘉義では荒尾東方斎(2)の遺跡を訪れることを忘れなかった。先生は日清役後台湾視察旅行中ペストに罹って、嘉義の病院で亡くなったのである。荒尾先生は台湾を清国に返還せよと論じて、止まない志士であった。日本の国にも他国を侵してはならぬ。反って損だという説を持して憚らざる憂国の志士がいたのである。いつの時代でもどこの国でも真の愛国者は似而非愛国者から、迫害され国賊視されるものである。わかる時が来るまではいくらいっても、わからぬものはわからぬのである。そしてわかった時はもう遅いのである。嘉義病院には病臥せる先生をスケッチせる画だの遺品が、保存されていた。

台湾の講演旅行を終えて、東京に出で渡米の手続を了し、横浜に至り彼地のYMCAで講演した。横浜YMの講演会は満堂立錐の余地なしとは全くあのことで、拡声器でもって地下室や館外に聞ける人々も少なくなかった。今、その頃のことを思い出で

「私といえども、えらい人気のあった時代もあったものだ！」

感慨に耐えず、思わず筆をおいて長大息せざるを得ぬ。

南京を経て上海に出で、台湾へ渡りそれから横浜まで来る裡に、胴巻は蛇が蛙を呑みし如くに太ったが、ホノルルまでの切符を購ったらからっぽうになったけれどもシャツや靴下は到るところで、あるいは洗濯したてなのに、あるいは新しいのに交換されているから心配はない。スウートケースの中の北京の絵葉書は、一枚々々、逢う人毎に贈られてだいぶ減ったが、まだまだ何千枚か残っている。これを携えて、勇躍私は秩父丸に乗り込み、太平洋を渡ることとはなった。

（1）佐藤貫一君は当時南京の有恒公司の社長、商工会議所の会頭だった。
（2）荒尾東方斎、名は精。同文書院を根津一と共に建てし人。晩年は京都若王子山麓に蟄居。たまたま訪れる同志社の青年あれば「石鹸」の二字を大書して与えた。石鹸とは人を洗うて、己が身は水泡となり消えるという意。

ハワイの舌禍、筆禍

昭和十五年（一九四〇年）十二月三十一日、大晦日というに私は横浜を船出して、北米合衆国に向った。翌朝大海原から昇る初日の出を甲板の上でおがみ得た。俗に旭日昇天の勢いというが、私は生れて初めてそれを見た。始め太陽は水平線から、覗くが如くに赤い顔を出すが、水平線を離れる時はきらきら輝き、きりきり舞い出る。その昇天の勢は実にすばらしい。私はあんなにすばらしい初日出をかつて拝んだことがない。おそらく今後といえどもないであろう。

キャビンの元日のお膳は大したものであった。王侯富豪の正月の御馳走はかくやありなんと想うた。

ホノルルでは、日布時事（当時ハワイにあった日本語新聞）の社長・相賀安太郎氏の邸を根城とした。申し遅れたが、私の渡米の目的は募金のキャンペーンに在った。その頃、米弗《べいドル》一弗は北京では二十元に相当した。私は崇貞学園のファンドを作るのは今だと思い、神に祈りつつ海を渡ったのであった。

私はまず、ホノルルで三日間連夜、中国事情講演会を開催して頂いた。その聴講料は五弗であった。

ホノルルの講演を終って後、私は飛行機でもって、ハワイ八島島巡りをした。飛行機は海上百呎くらいのところを飛んだから、島も海も日本画の如くに見え、十数年の後の今日でもその美しかった風景は私の眼底から消え去らない。

島々における講演会はいずれも大成功であった。私は「朝陽門外物語」と題して語ったが、一世も二世も財布をはたいて寄付してくれた。

ところが、ホノルルに帰ってくると、日布時事とは事毎に反対側に立つ、何某新聞という日字新聞が、私を国賊呼ばわりして、こっぴどく批評し出した。何でも二世であったか誰かの質疑に、

「南京《ナンキン》事件（一九三七年の事件）あれは事実ですか」

と、いうのがあったから、私は日布時事の紙上で次のように答えたのであった。

「南京事件の如き事件が起るのは、ああいう戦場の真中に第三国の宣教師達が、オアシスを設けて病院や学校の建物の中へ、中国の婦女を集合しておくのがいけないので、もしもそういう収容所がなかったら、婦女子は遠く縁故をたよって、逃げのびたに違いない」

私はこう答えることによって、日本の立場を少しでもよくすることができるであろうと思ったのであった。どうせ南京事件の如きを隠さんと欲しても、とうてい隠しおおせるものでない。しからばすでに隠しおおせぬとすれば、少しでも弁解を試みるのが、国民の義務であると思ったからこそ、そう言ったのであった。ところがその何某新聞は私の右の回答は南京事件を肯定したことになると言って、私を国賊呼ばわりするのであった。

その頃南京入城の折、日本兵がなせし暴行のニュース映画が、ホノルルにかかっていた本屋の店頭には、中国人や白人記者の書いた詳しい報告が幾冊も並べられていた。

「日本の兵隊に限って、そういう乱暴は決してしはせぬ」

と信じぬいている在留同胞に私がはっきりNOと答えなかったことは、ホノルルの町に大きいセンセーションを巻き起したものらしい。それを得たり賢しと取り上げたのが、何某新聞だった。

そこで私が島巡りから帰ってくるのを待ち受けていて、再び、

「南京事件、あれは事実であったか」

YES、NO二つの中一つで返答せよと迫った。私はそう迫られてはもう致し方ない。NOと答えんと欲せしも、良心が許さない。そこで、

「私は南京に住んでいるのではなく、北京に住んでいるのである。南京と北京とはおそらく青森と下関くらい離れているでしょう。わけても私は南京入城の折、従軍記者または従軍僧侶として、日本軍と共に入城したわけでもない。ゆえに私が南京事件が事実であるかどうかを知ろうはずがない」

と答えた。すると彼等はさらに私にたたみかけて問うのであった。

「日本人である以上、知っていても知らんでも須らく、はっきりNOというべきではないか、彼らは日本人でない」

そう言われてはもう動きは取れない。私はただ沈黙して答えなかった。

そして私は領事館に出頭を命ぜられた。領事は送還を命ずる。米大陸へ渡航を許さぬと言い出した。

どうすることもできない。私は夜な夜な、ワイキキビーチの波打ち際の椰子の木にもた

れて、泣いて神に祈ったものだ。

「私は米大陸へ講演募金旅行をすることに依って、北京へ米金を送りえばもうそれでよい。横浜へ帰り着くと同時に捕われて獄にぶち込まれようと、それともまた首を刎ねられようとも構うことはない。ここは米国の領土であるから、領事たりといえども、私を捕えることはできまい。よし行こう」

私の腹はワイキキの椰子樹にもたれた祈りによって、ついに決まった。決まった翌日、私はこっそり米船に乗じて、ホノルルを立ち出たのであった。

「アバよ、アロハー ハワイイ。神よ我に罪せしものを赦し給え。パウ」

これは私が、デッキの上にたたずみ、大洋の中に姿を埋め消す島々を遥かに眺めて叫びし、ハワイに対する喝であった。

布哇《ハワイ》滞在五十日、その間には私は二つの大いなる収穫をなした。その一つは田中光枝さんという可憐なる一人の二世婦人の献身であった。田中女史はドレスメーカーだった。私の講演に感じて崇貞学園のために一身を献げるべく決心した。後電気ミシンを携えて、北京に来り崇貞学園のために終戦に至るまで、八年もの間奉仕してくれた。美しい住み易いパラダイスの国から、黄塵万丈《こうじんばんじょう》の北京に来り住むだけさえあるに、乏しい生活によく耐え中国の姑娘や朝鮮の少女のために、身の振り構わず我を忘れ、本当によく働いてくれたものだ。

もう一つの収穫は外ではない。ホノルルの銀行から、北京崇貞学園へ九千五百弗を送りえしことだった。

黄金の指輪二つ

こっそり、布哇を脱け出でて、何食わぬ顔して、ロスアンゼルスに上陸した。そこには山崎牧師、山鹿先生、福島熊蔵氏等の手に成れる完全なる、一日も無駄のないスケジュールが待っていた。万事万端、痒いところに手の届くように温い準備が待っていた。重い心を抱いているとは知らず、加州（カリフォルニア州）の同胞達は明るい、そして気軽な態度で私を迎えて下さったものであったから、私は上陸幾日もたたぬ間にすっかりハワイの難を忘れて、心の傷もいえ、いつしかユーモアたっぷりの講演をして人々をお笑わせ申し上げた。

ロスアンゼルスを振り出しに南へ南へと下り、町々を訪れ熱風吹く帝原[1]の村にも泊まり、とうとうメキシコ境のエル・セントロでも講演した。

別にエル・セントロの講演だけが、油が乗った訳ではなかったが、献金の中に混って、ウェディングリングが入っていたのには驚かされた。

米国では結婚式の折、夫から貰ったところの指輪は、一生指から抜き取らないことになっている。病気のため指の手術を受けるような場合でもウェディングリングだけは抜かず、石綿か何かでほう帯して行うものであると聞いている。それだのにその婦人は生涯記念して、肌から放さすべからざるものをすら、これを捐《す》てて中国の貧しい人々のために献げたのであった。

ロスアンゼルスの講演においても、ルビー(2)の石のちりばめる指輪が献金箱に混ざっていた。その時はさほどにも思わなかったが、エルセントロのウェディングリングを受けた時は、さすがの私も泣けて泣けて仕方がなかった。かかる贈物を受けし以上は身を粉にして、働かねばならぬと堅く堅く決心した。

（1）帝原はインペリアル・バレーと称するが、熱い不毛の平原を、在米同胞が開拓して、トマトやメロンの名産地とはなした。

（2）ウェディングリングを献げし人は今に至るも、その何人であるか不明であるが、そのルビーの指輪を献げし少女は、梅光女学校の卒業生で、その後日本へ帰って、小倉で洋裁学校を建てていられる由。私は米国から、北京へ帰って、リング・アンド・ダイム・ファンドというものを作った。ダイムというは十銭銀貨のことである。講演場の入口に賽銭箱を置いて、献金を乞うたとき、多くの十銭銀貨と二個の指輪とが投げいれられたから、かく名づけたのであった。

使命のある者は殺されず

エル・セントロ（カリフォルニアの南端部）から、ちょっとメキシコを覗かしてもらった。国境を線一つ越えると道路はにわかに悪くなり自動車の中にあって、お尻がゴムまりのようにバウンドする。

ばくち場が軒を並べていた。

再び加州に戻り、サンデゴウで講演。北上して羅府に立ち返り、二三日ゆっくりして、北へ北へと上って行った。

北加（北カリフォルニア）では、桑港を中心にして活動した。救世軍《きゅうせいぐん》の小林政助先生のお世話になった。フレスノから、リビングストンに向う途中ヨセミテを見物した。ヨセミテは米国での名所の一つである。中国でいったら蜀（現在の四川省、湖北省）の三峡、朝鮮の金剛山に似たる風景である。日本にも耶馬渓や天竜峡、奥多摩などがあるが、いずれも規模が比べ物にならぬ。

私は若い牧師・今井先生に乗せられて、ヨセミテに見物をした。車はプリマスであった。雄大なるヨセミテの渓谷を一周して後、自動車はリビングストンへ一直線に駆け走った。道路は広いし、道は傾斜している。車は韋駄天《いだてん》走りに、たぶん六、七十哩（一マイルは約一・六km）も走ったか。すると何かの拍子にくるくると自動車がきりきり廻いしたかと思うと、くるんくるんくるんと自動車は縦にとんぶり返り（ひっくり返るという意味の方言）、三回もころんころんと転んでしまった。

「早く、モーターを止めて」

と注意した。ああいう場合モーターが廻っていると火を吐いて焼けてしまうと聞いていた。

窓をあけたが、硝子の破片が危なそうだったので、

「ちょっと待って、モーターが止まったら、急いで出る必要はなかろう」

と叫んだ。それでもあわてて出ようとして、手から血を出していた。ドアーがひんまがっているから自動車の戸はあかない。

「いまい（今井）具合にでんぐり反ったんだ。我々は生きとる」と私がいったら、さすがの今井牧師もからからと笑った。そしてユーモアは彼を落ちつかせた。

運転手の今井牧師にも私にも傷はなかった。時を置かず向うの村からもこちらの村からも白人のお百姓達がかけ来って、自動車のドアをぶち壊して、私達を出してくれた。ほう帯や薬品を持ってかけつけくれたおかみさんもいた。遠方から自動車のでんぐり反ったのが遥かに見えたのであろう。村の人々は修繕までもしてくれた。どうにか動くようになったから、再び乗車、リビングストンに向かった。

リビングストンは葡萄の畑ばかりで、同胞は葡萄作りを仕事としていた。有名な奥江清之助[1]氏の家に宿り、お風呂に入り、打撲したところをよく揉んで眠った。

「危ないことでしたね。奇蹟でしたね。九死に一生を得ましたね」

逢う人々が皆、そういわれた。私はヨセミテの遭難により、自分が神のいまだ死なしめ給わぬ使命ある者なることを大いに自覚したのであった。

（1）奥江清之助氏は、大津教会員で、私の求道者時代に渡米された。令息は本間俊平先生の女婿である。

平和、平和のために

オレゴン州はたった三ケ所で講演しただけだったが、たくさんのお金を頂けた。サレムでは白人の婦人会で講演することができた。

オレゴン州をだけ廻っていると、夜の村々に日本の盆踊かなと思われる、賑かな音を聞いた。なつかしゅう思って、車をおりて、行って見ると、アメリカン・インディアンの踊りだった。あの辺のアメリカン・インディアンは眼も髪も黒ろく、背も低い。日本人そっくりであって、踊も野外で行われるし、音頭も踊り方も日本の盆踊と実によく似ている。

オレゴンから、ワシントン州に出で、シアトル、タコマで講演し、オリンピアのオイスターの漁村ででも、朝陽門外物語を一席講じさせて頂いた。

シアトルから、加奈陀《カナダ》に出で、ヴィクトリアに行き、新渡戸稲造博士が最後にお泊まりになったというホテルに宿る機会を得た。

迎えくれし日本人牧師から、博士の臨終の模様をくわしく承った。ホテルの主人から、電話があって、その牧師はお訪ねしたというのである。あちらではもはや臨終と知ると、牧師を招いて立ち合わせるものらしい。牧師は博士の枕元に侍って、

「先生、何をお祈り申し上げましょう。先生の御家族のために祈りましょうか。それともお痛みの軽くなるように祈りましょうか」

と静かに、おききしたというのである。たぶん先生の信仰に依っては、神癒の如きを祈ったりすべきではないと考えたのであろう。

すると博士は細い声で、しかしきっぱりと、

「それでは世界の平和のためにお祈り願いましょうか」

と仰言《おっしゃ》った。牧師は世界の平和のために長々と祈ってその日はそれで帰った。博士はそのことがあってから、一週間も生きておられた。今日こそはいよいよ臨終らしいというので、ホテルの主人は再び、その日本人牧師を招いた。牧師がベッドに近く立つと博士は痩せ細りし手を出された。牧師がそのお手を握って差し上げると、

「牧師さん。今一度、世界平和のために祈って頂きましょうか」

といわれたそうである。

「先生、何か御遺言がありましたら」

と申し上げると、

「もう一度、軽井沢の渓川の流れの音を聞きたい」

と言って、目をつぶられた。その日博士はお亡くなりになったそうだ。そして、それ等のお言葉が博士の日本語でお喋りになった最後の言葉だった由。

本当に新渡戸博士こそは日本にはめずらしい使徒であった。博士は、満洲事変の勃発せし折、あたかも四国松山に行っておられたが、地方の新聞記者に感想をきかれて、

「日本を興せしものも日本の軍閥だったが、日本を亡ぼすものもまた、日本の軍閥だ」

と答えて、長大息せられた。それが有名なる舌禍となり、博士を惨々《さんざん》お苦しめすることとはなったが、しかし、今から考えて、日本史上千古《せんこ》の大預言であったというべきである。松山の預言と言い、臨終平和の祈りと言い、日本は戦争には負けたけれども、こういう預言と祈りをなせし、日本人もいたかと思えば、我々日本人ももって瞑するに足るではないか。

加奈陀では、ファイバーを作る山村、銅を掘る鉱山、鱒を取る漁村、およそ日本人の居留するところ一村も残さず巡講して、再びシアトルに戻りスノーケンに至り、あそこより

ユタに出で、オグデン、ソートレーキで講演。ゴルジの車窓風景絶佳のコースを取って、コロラドに出で、デンバーの地で講演して、シカゴに赴きオハイオのオベリンは母校であるから、ちょっと立ち寄り、ボストンに行き二週間あそこを中心に新英州の巡礼をやった。エマーソン、ソルウ、さてはホーソーン、ロングフェローの墓詣、プリマスロック見物、エール大学訪問など思う存分楽しんで紐育《ニューヨーク》に出で、ワシントン首府も訪れ、六月一日、荷物船に搭乗、パナマ廻りで日本に向かい七月一日無事横浜に到着した。

妻はれいご、己れは軟禁

横浜の埠頭で、憲兵に捕まるであろうと覚悟していたにも拘らず、何の詰問もなくパスパスで、反って気抜けして、物足らぬ感さえした。日本滞在は半月で切上げ、一途北京に向った。

北京のわが家に帰ると、家内が、

「帰ったら、すぐ憲兵隊へ来るようにというのですがね」

といった。そして私の旅行中家内の郁子自身もしばしば憲兵隊に呼び出されたとのことであった。

「あなたが、米国へ弗買いに行ったと思われているのですよ」

「だって、ホノルルに上陸する時、一銭だってお金を持っていなかったではないか」

「何でも北京の三菱の支店に勤めている何某という男が、紐育の領事館の書記生を兄に持っていてその兄へ北京のお金を正金銀行（当時、外国為替が唯一扱えた）を経て送金すると五円が一弗に換算せられて、米国に届く。そのお金を米国のナショナル・バンクを通して、北京の花旗《かき》銀行（シティバンク、エヌ・エイの中国語名）宛で送金し返すと一弗が二十円になって帰ってくるそうで、一万円送ると紐育で二千弗となり、それを更に紐育から二千弗送り返すと四万円北京で受け取れる。かく盥廻しをぐるぐるして、大儲けした人があるというのでした。それと同じことを、てっきり清水安三もやってるに相違ないというんですよ」

「だって、北京から一銭だって、米国へ送金したことはないではないか」

　留守中の出来事を聞く裡に家内は、憲兵隊に呼び出されただけでなく、牢屋の中へぶち込まれて、一夜ではあったが、帰宅を許されなかったことすらあったらしい。それは容易に秘めて語らなかったけれども、私が突き詰めきいたら終に隠し切れず、れいご（牢屋の意）の身になりしことを告白に及んだ。

「それは気の毒だったね。俺故に苦労させるね。僕は自分が不徳なるが故に女房を終に牢に入れるに至ったか」

私が床板に膝頭をつけて、鞠躬如《きつきゆうじよ》として陳謝したら、妻は、

「私はもうすんだが、あんたはこれからですよ。明日は憲兵隊へお行きになりますか」

「うん。行くよ、俺は天地に恥じることは何もしていないんだから」

私は翌朝、さっそく火神廟（火災防止のために建てられた北京市内の地名）の北大（北京大学のこと）を占拠せる憲兵隊を訪れた。私が帰り来れることを報告すると「それでは明朝八時に来るように」との命令であった。

翌朝八時に行くと私を取り調べる係は、洲山という軍曹であったが、少し他に用事があるから、ここに待っていてくれるようにといっただけで、あたふたと奥へ入って行った。私は憲兵隊の入口のベンチに腰掛けて待った。まるで衛兵でもあるかのように入口に掛けているのであったから、出入りの人々はじろじろ顔を見詰める。中には知っている人々もあった。

朝の八時から、腰掛けて待っていると午後四時近くなって、やっと洲山軍曹が出てきていうには、

「今日はどうも取り込んでいて忙しいんだ。逢っておれぬから明日来てくれぬかね」

という。

「では明朝、何時に参りましょうか」

「やっぱり、八時に来て下さい」

「かしこまりました」

私は腹は減り、口がからからに渇いてすっかり疲れ切ったが、やれやれと思って朝陽門外に帰った。

「今日はお帰りになれないんではないかと心配していたが、まあよかったわね」

「うん。よかった」

翌朝、八時に火神廟の憲兵隊へ行った。この日もやっぱり午後四時まで衛兵ででもあるかの如くに入口のベンチに腰掛けていねばならなかった。四時になったら、須田軍曹に呼び出された、入れられた部屋は北大の地下室で、窓には太い針金の網が張られてあった。

「職務上、礼に叶わない言葉を使うからそのつもりで」

「……」

「お前は何という名前か」

「年はいくつか」

生れて始めての尋問であるから、お前お前といわれると、何だか芝居気を帯び、わざとらしく、むしろおかしく聞こえてならなかった。

半時間ばかりの尋問の後、

「それでは今日はこれだけにする。先生はあまりにも有名であるから、中国側に対する影響を顧慮して、拘留には処せぬが、その代わり当分、毎日出頭してもらいたい」

軍曹は私のことを、尋問の時にはお前と呼んだが、尋問が済むと先生と呼んだ。翌日も朝八時に出頭して、昼飯も食わねば、一杯のお茶も飲まずに午後四時まで入口に腰掛けて待った。そして三十分ばかりの尋問を受けて、帰宅を許された。

毎日呼び出されるのであるから、どこにも行けぬし、何することもできぬ。それにはさすがの私も閉口した。

その間に近江の故里から、母の病報が来た。帰国を乞うたが、須田軍曹は許してはくれなかった。

間もなく母危篤の電報が来た。軍曹は上官に頼んではくれたが、ついに許されなかった。私は母の病を憂いつつ、毎日憲兵隊に通い八時から四時まで、入口のベンチの上で遥か家郷の母の思い出に耽った。涙が私の両の頬を流れるのを見て、上等兵の憲兵がいった。

「腹が減りますか」

「まさか、子供ではあるまいし、腹が減ったからって泣きはしません。故郷の母が危篤なのです」

私は三十日間憲兵隊へ通ったが、その間に母は死んだ。時もあろうに母があんな遭難の最中に死んでくれたものだから、ついに死に目に逢えなかった。本当に私は不孝な子であった。母は、

「北京から幾日あったら、帰れるだろうのう」

と聞いたそうな。

「四日か五日で帰れるならば、もう一度逢えるわいのう」

とも言ったそうな。

「安三は小さい頃から、親孝行者であったからきっと帰ってくるわいのう」

母は私の帰るのを待つために少なくも数日は気で命を延ばした。私が、

「カエレヌ　ザンネン　チイサイ　トキ　カラ　キツイセワニナリマシタ　チチウエニヨロシク」

と母に電報を送り、故郷の姉には、

「カネオクツタ　チチウエノソウシキト　オナジ　セイダイナル　ソウシキタノム」

と打った。私の六つの時に死んだ父の葬式は実に立派なもので、十六ケ寺の僧侶が読経し、お菜の豆腐は丸焼一丁が、そのまま切らずに入っていたそうな。それは少年の頃よく祖母から聞いた話だった。父の生ける頃は私の家は村一番の豪農で、年貢米が八百俵も入ったものだそうな。父の死後兄が皆女と相場に蕩尽してしまって、母の死ぬ頃は田が一町歩もあるか無いかの貧しい農家となりはてていた。それだのに私が、「父と同じようなお葬儀をしてやってくれ」と打電したものであるから、母は、

「何ということを安三はいうんだ。わしが死んでも棺は箱だけでよいぞ。箱の上にお寺から、打敷《うちしき》を借りて被せて置けばよいぞ。坊さんは一人でよいぞ」

言いおいて死んだそうだが、しかし私からの二通の電報を額の上に載せて、

「わしは安三を産んだことによって、この世に生れた甲斐がありましたわいな」

お見舞いに来る村の人々にいちいち私の電報をお見せしたそうである。

それは憲兵隊に通うこと、あたかも三十日目の日だった。憲兵はいつもと違って口に微笑をたたえている。

「あなたは軍へ献金する意志はありませんか」

「……」

「あなたの持ってるチェック（小切手のこと）は幾万円になりますか」

「二万ドルばかりです」

「それを北京のニューヨーク・シティ・バンク支店、花旗銀行から受け取るならばいくらになるかね」

「十七万円くらいでしょう」

「そう」

これまで憲兵は尋問して、ドアを開いて隣室に行った。たぶん上官に相談するためであったろう。

「どうですか、十万円献金しては」

私はかねて、そういう命令なり、申し出なりがあろうと予想していたことであったから、また周囲の者からもそうさえすれば、問題は解決するであろうとかねがね注意されていたのであったから、即座に快諾して、三万円を陸軍へ、七万円を恤兵金《じゅっぺいきん》に献金することを約束した。

私はせっかく、多くの在米同胞が中国の貧しい人々に献げたお金ではあるし、脳溢血で卒倒しはせぬかと、案じ案じ日に二回三回、多い日には五回も講演して、集めたるお金であるから、仮令、十日や二十日投獄されようとも、また冷水を呑まされようとも、丸裸にされて竹刀で打たれようとも、断じてこのお金は渡すまいと堅く堅く決心していたればこそ、何といわれようとも、幾日呼び出されようとも粘張り通したのであったが、今はこれまでと諦め淡々として、水の流れるが如くいわれるがままに金十万円也を差し出した。

軍へ献金するとさえ言えば、こんなに三十日間も毎日々々呼び出しを食らわんでも、帰った最初の日に事件は解消したであろう。それ位のことは百も千も承知していたが、私は絶対に自らはあえてそれを言い出さなかった。何とならばそのお金はことごとく「中国の貧しい人々のために用いる」と称して集めたお金であったから、私はそれ以外の目的のためには一銭だって、用いる権利を有しておらぬと思っていたからであった。けれども憲兵がそうすることを言い出し、命令する以上は寄付者に対して、申し開きが立つと考えたから何の執着もなく差し出してしまった。そして残る七万円を確保し軟禁は完全に解かれ、私は自由の身とはなった。

千尋《ちひろ》なる海底深く沈み行く鉛《なまり》着けたる心するかな

これはその頃、ものせる腰折《こしおれ》である。

崇貞学園には土塀《どべい》がなかった。中国は米国と違って頑丈なる土塀に囲まれていぬ家も学校も、教会もない。崇貞学園にはその土塀がなかったから、危くって枕を高うして眠れなかった。私はまず二万円を投じて、一丈二尺（およそ四m）の煉瓦塀を建築した。

その余りの金でもって、リング・アンド・ダイム（五八〜五九頁参照）基金を設けて、その利子を以て貧しい生徒の奨学金に当て、永く在米同胞の善意を中国の貧しい人々のために保存することとなした。

終戦から引揚まで

実は最初私はここから、書き出したのであったが、書き終って後、第一篇を冒頭に書き加えたのであった。多くの読者の中には私の著『朝陽門外』『姑娘の父母』『支那の人々』『支那の心』、いずれも読んでいられぬ人々もあろう。そのいずれかの一冊でもお読みになった人々は、私が何人であるかを知っていて下さろうが、そのいずれをもお読みになっていらっしゃらぬ人々は崇貞学園と言い、朝陽門外、朝陽門外といっても珍糞干糞《ちんぷんかんぷん》、薩張《さっぱり》おわかりにならぬと思ったから。

八月十五日

やっぱり私も終戦の日（昭和二十年八月十五日）から書き出すことにしよう。

隣組《となりぐみ》の回覧板が、「十五日の正午には重大なる御放送があるから、必ず拝聴するように」と通告したから、私は十一時頃から崇貞学園の日本人生徒全部を自宅の応接間に集めビュローの上に載せたるラジオを前にして、絨氈は敷いてはあったが板間のフロアに皆坐らせて、時の至るのを待った。

その頃学園には五百名の中国人学生に混《こん》じて、二百名足らずの日本人女学生がいた。もっとも日本人とはいってもその三分の二は朝鮮人だった。当時、北支には多数の朝鮮人が居留していた。彼等の子女にして、崇貞学園に学ぶものが少なくなかった。

私はラジオのすぐ真ん前に座を占めて、生徒達を私の右、左、後にぎっしり寿司詰めに坐らせた。相当広い応接間だったが、なにぶん大勢であったからポーチにもテーブルの下にさえも坐っている者があった。私は両手をついて、額を床板にひっ着けんばかりにして、御放送を待った。

私のラジオはフィルコ社製であったから、玉声がまるで御前で拝聴しているかの如くに、お聞きできたのであった。

私は数行の御朗読を承っただけで、それと知ったので思わず声をあげて、

「ああ、あああ」

と子供のように泣いた。否、泣けた。幼少の時はともかく物心ついてからこの方、かつてあんなに声をあげて泣きしことはなかった。

私に続いて女学生達は皆泣いた。朝鮮の女生徒は、

「あいよ、あいや」

といって、号泣していた。漸く泣きじゃくる声が静まった頃を見計らって、

「朝鮮の生徒さんはこちらへ、内地の生徒はあちらへ」

といって、羊の群れから山羊を分けるが如くに分けた。朝鮮の生徒達はその日に限って、ことさらに内地人と朝鮮人とを分けるのをいぶかり、私を目で詰っていた。

私は長年、朝鮮の子女を手塩にかけたがかつて、日鮮の生徒を差別して教えたり、別々に戒めたりしたことがなかった。時々は内地人だけを特に集めて、言い聞かせておくべきことがないでもなかったが、朝鮮の娘達を僻ませたくなかったから、絶対そうすることを

避け避け来ったのである。

私は朝鮮人の生徒に一人々々、堅い握手をして廻った。それから後におもむろに口を開いて、日本がポツダム宣言を受諾したことを告げ、ポツダム宣言について短い説明を与えて後、

「朝鮮は独立国となりました」

といって聞かせると、一人の朝鮮女学生が、わっと泣き出した。さっきから一応歔欷《きょき》の声が静まっていたのにまたしてもおいおい泣き始めた。

「長い間、私達はあなた方と共に同一国民として、お交わりして来ました。今日よりはあなた方は朝鮮国民、私達は日本国民です。しかし今後といえども互に愛し、相助けましょう。

朝鮮が立派な国となるよう、お祈りしています。

朝鮮国建設の責任はあなた方一人々々の双肩にあります。しっかりやって下さい。

お別れするに当って、日本国民があんた達の民族の上に知りつ知らず犯せし罪、咎をどうかお赦し下さい」

これだけ私は言って、

「朝鮮国万歳、万歳、万々歳」

を叫んだ。日鮮の学生は皆、双手を高く挙げて涙ながらに応唱した。私が、

「今日はこれにて散会」

というと、一人の朝鮮の女生徒がつと一歩、群から前に出でて、

「日本国万歳」

を唱えたから、私共もそれに和して、部屋もわれんばかりの声で以て万歳を三唱した。

会衆は三々五々、去って行ったが、一人の生徒がもじもじ何か言いたそうにして、じっとしていたから、

「どうしたんですか」

と聞くと、

「先生は朝鮮へ私達と一緒にいらっしゃいません?」

と、とてつもないことを言って、私を微笑ませた。

「己が部屋」に祈る

私という男には一つの習性がある。それは何か問題にぶっつかると「己が部屋」(1)に入りて瞑想するのが癖である。

私は八月十五日の午後、己が部屋に入ったきり、一歩も外へ出なかった。食事までも己が部屋で取ってひたむきに思索に耽った。

誰が忘れて置いて行ったものか、私の客間に農民福音学校読本という書物があった。ことによると賀川さんが先頃御旅行の途次、お泊まり下さったから、賀川先生が置き忘れて行かれたのかも知れぬ。その中にデンマークが、独逸《ドイツ》に敗れた時グルンドヴィッチ(2)という僧侶が、デンマークの復興は農村教化からと考え、高等農民学校を建てたという記事が載っていた。

その他に、これも私の客間の書棚にあった本だがジャン・フレデリック・オベリン(3)の伝記を読んだ。オベリン伝記はオベリン大学に学んだ頃、一度ざあっと読んだことがあった。ちょうど手許には栗原陽太郎氏著のオベリン伝があったから、それを一頁一行も飛ばさず読んだ。

私はまた独逸の哲学者フィヒテ(4)の有名なる「わが独逸国民に告ぐ」という演説も読むことを得た。フィヒテがせしその講演はベルリンの往来を行進するナポレオン進駐軍のラッパのため、時折声が途切れて聞きにくかったとのことである。哲人フィヒテは敗戦の独逸国民に、教育の改革が国家再建の道であることを説いた。

私はまた聖書を貪るが如くに読んだ。

八月二十日の朝私は己が部屋から打ち出でて、家族と一緒に朝食を取った。

その席上私は家内に、

「僕は日本へ帰ろうと思う」

「……」

「日本へ帰って、日本の農村へ入ろうと思う」

「……」

「日本の農村へ入って、学校と病院と教会と孤児院とを建てるつもりだ」

「……」

家内はふんといったような表情を顔に表して、

「私は朝陽門外から天国に昇るんですから、あんたは日本へ帰りなさい。御随意に」

と言って、てんで相手にしようともしなかった。

私は憤然として、

「それではあんたは引き続いて、ひとりここに居るがよい。僕は帰る」

言い放ち、ぷいと座を立ったことを、今もなお覚えている。

（1）マタイ伝六の六。

（2）グルンドヴッチ Nikolai Frederik Grundvig（1788～1872）は丁抹が独逸に敗れた時「愛する国民よ悔改めて、神を愛し、隣人を愛し、土を愛せよさらば祖国は復活せん」と叫びし人。丁抹のカライルといわれる。

（3）オベリン Jean Frederic Oberlin（1740～1826）はアルザスの村に教会と学校を建てた。夫人は農村刺繍授産場を設けた。

（4）フィヒテ Johann Gottlies Fichte は一八一三年独逸が普仏戦争に敗れた時 Reden an die Deutsche Nation という演説をした。その聴衆の中に後年の宰相ビスマークが混っていた。

中国の好人党

八月二十日は崇貞学園の始業式だった。崇貞学園こそは、私が三十年の間、苦辛経営し来たれるものである。中国では学年が春に始まらないで、秋から始まることとて、この日新入学生も多数来ていた。始業式は中国人の先生が司会して、讃美歌、聖書朗読、祈祷に始まって、新入学生の点呼、校長の訓示、誓約等いつもの如くに行われた。ただ一ついつもと異っているところがあった。それは日本人や朝鮮人の生徒が一人も出席していぬことだった。

始業式は相当長びいて、九時から始められたにもう、十二時近くなっていたが、司会者は、

「清水先生、何か一言、話しませんか」

といって、私の登壇を促した。いつもだったら私は教員席の上座にすわっているか、それとも講壇の上に座を占めているか、どちらかであったが、この日は生徒席の後方に小さくなって坐っていたのであった。司会者が呼び掛けてもなおも私が、立ち上がらないでじ

っとしているので、学生達は一勢に私の方を振り向いた。すると再び司会者は、

「清水安三先生のお話」

と叫んだ。そこで私はやおら立ち上がった。すると期せずして、生徒達は拍手した。私は壇に上って両臂《ひじ》を講壇の机の上について、やや体を曲げて凭《もた》りかかり、ぽつりぽつりと考え考え次のような話をして聞かせた。無論中国語で。

中国は終《つい》に日本に勝ちました。諸位《ヂュウウェイ》。何故中国は勝ったと思うか。

それはもうずっと以前のことであった。北京大学へ英国の学者ベルトランド・ラッセルが来て、講演したことがありました。ある日講演の終った後一人の大学生が、

「いかにせば中国は亡びないか」

という質問をしました。するとラッセル博士はやや考えて後に、

「もしも中国に、百人の好人(1) good men がいたならば、中国は亡びないでしょう」

と答えました。その頃北大の胡適教授は『努力』という小雑誌を出していられたが、その雑誌に中国一百好人党《チョングオ・イーバイ・ハオレンダン》の組織を提唱されました。

日支事変が勃発すると北大の教授や学生の重なる人々は、ある者は重慶へ、ある者は延安へ、脱出し去りました。

中国の四万万（四億人の意）の国民の大部分は無学で目醒めていません。けれども極めて少数ではあるが、日本を打倒するまで何年でも山に伏し、野に寝ね、穴の中にもぐったまま、本当に文字通り臥薪嘗胆して屈せない人々がいたのです。また米国人を揺り動かして、立ち上がらせ火蓋を切るに至らしめるまで、奮闘して止まぬ人々がいた。それ故に終に中国は勝ったのであります。

もしも今誰か、日本人が私に、

「いかにせば、日本は復活するか」

と問うたならば、私も答えるでしょう。

「日本に百人の好人がいたならば、日本は必ずこのままにくたばりはせぬ。必ず復興する」

と、次に何故に日本は敗けて、米国は終に勝ったか。

それには種々なる理由がありましょうが、「日本人は人の命を軽んじたし、米国人は人の命を重んじた」これが、最大の理由だと思います。

日本人は米国人や中国人の命を軽んじました。殺さんでも勝敗に関りのない人々も殺しぬきました。それと同時に日本人は自国国民の命を鴻毛《こうもう》の軽きに比しました。日本人は竹槍だの特攻隊を思いつきましたが、米国人は日本軍の持つ高射砲の届かぬ高空を飛ぶことを考えました。

人の命を軽んずる国民が栄えようはずがありません。

終りに私は、十五日から五日間『己が部屋』に閉じ籠もって退修しました。そして私は余生をどこに過ごすべきか。何をなすべきかを思索、瞑想して祈りました。その結果、

「汝日本に帰れ。そして農村に至れ。そこにわれ、汝を待てり」

という御声を聞いたのです。

「諸位《ヂュウウェイ》、我要回国《ウオヤオホイグオ》」（皆様、私は帰国します）

ここまで私が言うと、うつむいていた学生も隣席のものと、何か喋っていたものも一勢に目を見張って、私を見つめた。私は演説を続けた。

「私が回国するといっても船もないであろうし、この学園が私が居なくても立派にやって行けるように、ちゃんと万事万端処理してからでないと、出発することはできないのであるから、まだまだ一ケ月や二ケ月はここにいます。

私の一人の子供はある中学を卒業しましたがね。その中学校は日露戦役（一九〇四年勃発）の直後に設けられたとかでその校舎には大砲のあたった穴が、ぽかりぽかりとあいていたそうです。そういう校舎で開校されたものか、殺伐の気は長く学生に遺って、上級生が下級生

を殴ったり、ぶったり、傷つけたりする校風が、のかなかったそうです。
歴代の校長はこれを改めようと考えて、ある校長は教員をすっかり他校へ転任せしめて、変えて見ました。そうしても校風は少しも変らない。そこである校長は一年生を別処に収容して、その一年生が二年生になった時は一年と二年だけで別建物に収容して、学校の校風を改めようとしました。けれどもその一年生が五年生になった時にはやっぱり、お説教という下級生をいじめる殺伐なる行動をし出したそうです。どうしてでしょう。それはたぶん、壁や戸扉に殺伐の気が泌み込んでいるのでしょうか。

一体学校というものは死物でない。生き物です。有機体です。それですから一つのユニットとして一つの精神を持ってるものです。

私が崇貞学園を去っても私の精神はこの学園の壁、この学園の校地の土に泌み込んでいます。この学園は愛の学校[2]です。学園に朝な夕な鳴り響く、鐘には『愛的教育』と彫ってあります。

愛の校風はたとえ、私が去ろうともこの学園の続く限り、永久に変らないでしょう。

今日のお話はこれだけ、また機会を得て語りましょう」

崇貞学園の講壇の床板には、ニスが塗ってあったから私の靴の痕がぺたりぺたりついた。

無論あの靴痕は幾日も経ずして拭われたであろうけれども、ともかくもあの日私の靴の印せし痕は実にあざやかであった。

始業式が終って後、家内は私に、

「あんた、本当に帰るつもり」

といった。

私はあの日、まだまだゆっくり生徒と語り得る機会が設けられるであろうと思って話したのであったから、無論涙ぐみもせず、別離を惜しむような口調を少しも出さなかった。また生徒にも先生にも私が実際帰国するであろうと信ずるものは一人もなかったから、従って泣くもの等一人だって無かった。学園ではたん《マ》だ《マ》一二年働ける教員が、辞職する時でも、生徒達は泣いて別れることになっていて、誰れの送別会も涙の中に終ったのであったが、私の告別の演説は学生にも教員にも清水先生が帰国する戯談《じょうだん》もよい加減に仰しゃいくらいにしか聴かれなかったからか、誰一人泣いてくれるものはなかった。

あれきり、私は再び講堂の壇上に立つ機会を得ず、生徒全体を集めて演説する機会がなかったのであったから、思えばあれが本当に最後の演説とはなったのであった。今から思えばあの時あれだけの演説をしておいてよかったと思う。

(1) 創世記一八の二六参照。
(2) 愛的教育は Edmondo de Amicis の Lecole de Coern の翻訳。崇貞学園のベルに銘記してあった。

一応は帰国

私が逢うほどの人々には、誰にでも構わず、

「僕は日本へ帰ります」

といって歩くので、人々は家内に、

「残留しないで、お帰りになるそうですね」

と、まるでお天気の挨拶でもするかのように問いかけるのであった。そうした場合家内は家内で、

「清水が引き揚げても私は絶対引き揚げませんよ。私は朝陽門外から天国へ行くことに決めているんですから」

と答えて、どんなに世が移り時代が変ろうとも、骨を中国の土に埋める決心は絶対易《か》え

ないときっぱり答えていた。

「じゃ、清水夫妻は離婚するのであろうか」

北京の市井には清水夫妻離婚のゴシップさえ立った。そこである夜、私共が帰るが非か、帰らざるが是か。ゆっくり討議することにした。

「この際は一応、在支日本人は全部帰るべきだよ」

「どうして」

「一体日本人は直接間接、軍隊について来たのだから、一応は皆んな帰るがよい。中国の政府も国の方針として、それを希望しているんだ」

「間接、直接といった所で軍に何の関係もなく、やって来た人々もどっさりありますよ」

「そらあるであろうが、全然軍の後楯も何もなくなって来てるものは我々の如き極く少数のものだ」

「その少数のものなりとも、せめて中国に踏み止まったらよいでしょう」

家内の主張ももっともなところがある。けれども私は負けてはいない。

「むつかしい言葉で言えば、連帯責任だよ。日本国民である以上連帯責任を負うて、宜しく皆帰るべきなんだよ。卑俗な言葉で言えば中国政府は十把一からげに一応は追い帰すのだよ」

「十把一からげに取り扱われては堪らん」

「僕は中国政府のナショナル・ポリシーを従奉、甘受するということ以上に帰る気持ちになった訳があるんだよ」

「……」

「神の召命を受けたんだよ。八月十五日から五日間『己が部屋』に退いて、瞑想、思索、祈って考えた時に、
汝日本へ帰れ。帰りて日本の農村に入れ、この時代の日本国民とつぶさに苦しめ。日本再建の大業に参加せよ
という神の声を聞いたんだよ」

「そういう声をお聞きになった以上、あなたは帰らねばならぬでしょうね。しかしわたしは帰らぬかも知れませんよ」

「そうか、てこでも動かぬと言うか」

「家庭分裂ね」

「そう、先々のことを心配せんでもいいよ。留まるが是か、留まらぬのが非か、神様自

身がお決めになるだろうから」

「そらどういうこと」

「成るようにしか成らぬということだよ。留まることが聖旨《みこころ》ならば留まることになろうし、帰ることが聖旨ならば帰らねばならぬことになろうしね。僕は誰も彼も一応は追い返されることが、目に見えてるんだ」

「じゃ神様に帰るか、帰らぬか決めてもらうわけね」

「そうさ、賛否同数の場合は採決の権利は議長にあるからね。神様こそは我々の家庭争議の議長だ」

私共の家庭討論は帰ろうと言うものと、帰らないと言うものとに分かれ、夫婦二人の会議のこととて多数決では決らず、そのまま九月、十月を過ごした。

「僕は日本へ帰ります。残留しません」

といって歩いた。

それがためにその頃ペキンでは、清水夫妻は離婚するそうなというゴシップさえ出た。

ある日の夜、お酒の会社の専務が私を訪れて、

「還えろうと思い、また還えりたいと思うが、かえることはたださえ国土は狭くなり、

人口はますます稠密《ちゅうみつ》で困っている日本のためによくない事でしょうか」

といって、相談にやって見えた。私が、

「なぜ還えりたいんのですか」

問い返すと、

「日本に住む方が、私の趣味にぴったり合うからです」

といって、眼を細うせられた。私が、

「僕もかえりますよ」

と言うと、醸造会社の専務はびっくりして、

「先生がおかえりになりますって。ご戯談でしょう」

私はその人にもまた一くさり、帰国論を語って、とても喜ばしたものだ。

当時私の中学時代の級友が戦車隊長をしていたので、数百の兵隊さんに講話をする機会が与えられたから、

「一日も早くお国へ還えりましょう。そうして日本再建のために、戦争中に戦死したものと思って身を粉にして働きましょう。戦車を作りかえてトラクター、キャタピラーとなし、大農式の耕具として下さい。近江のあい庭野、三河の三方ケ原、相州の相模原、栃木

県の那須原を開墾して下さい。

水のない原っぱがあったら、人造湖をこしらえて五里十里の向うから、水を引いて田圃を作りましょう。大工業が許されずば、精密工業で行きましょう。それとも手工品を世界中に売りましょう。大厦高楼《たいかこうろう》に住むことが許されずば、九尺二間の小さい、しかし便利な小文化住宅を作りましょう。小ぢんまりした、美しい、清い生活のできる平和な浦安の国（日本国の美称）を建設しましょう。

私も帰ります。諸君も一日も早くおかえりなさい」

なにぶん出征以来、一日として家郷を忘れたことのない兵隊さんである。一日でも早く妻子の許へ還えりたい人々ばかりであったから、私が帰去来《ききょらい》（東晋時代の陶淵明の詩「帰去来の辞」のこと）を語れば、膝を立て首を伸ばして片唾を呑んで聴いた。数日後、隊長が来ての話に、

「現地除隊の希望者だの、中国の軍隊に傭われようと言うものが、随分多数居ったが、君の講演を聞いて、兵は皆勇んで希望を抱いて日本へ還えると言い出したよ」

といっていられた。それは万更お世辞ばかりでもなさそうな言い振りだった。

ちょうど一年の後、昭和二十《マ》二《マ》年の夏、富士山麓の高根村へ「イエスの友」の催し

の夏季学校へ行ったら、聴講者の中に三方ケ原で開墾してるという若い人々がいた。彼等は復員軍人で、北京で私の講演を聞いて決心、中尉、下士、兵卒数名語ろうて、まっすぐに三方ケ原へ向け帰り来り、農耕しているのだといっておられた。私は滅多にうっかりしたことは講演できぬものだと、恐ろしいような感じさえしたくらいだった。

北京の謡言

九月の中頃に至って、

「北京の日本人中三人だけ、自由市民として残留が許されるそうで、あとは一人も残らず追い返されるんだそうな」

という謡言《うわさ》が立った。

「誰だろう。残留できるものは」

とりどりに噂していると

「その三人は朝陽門外の清水安三、自由思想家の村上知行、歯医者の伊東豊作(1)の三人だそうな」

というルモアー（英語でうわさのこと）が盛んに飛んだ。私は初めのほどはそんな馬鹿なことがと言って、てんで信じなかったが、高級参謀の某という少将が

「日本側と連絡のある一人の中国人が、王文貞将軍[2]の秘書に用いられてるが、その中国人が確かに重慶から来た文書を見たんだそうな」

と、洩らしてくれたものであるから、さすがの私もてっきり、そうだと信じ込んでしまった。そればかりかその何某少将は、

「留用者（敗戦後も中国に留まり用いられた日本人）が約一千名くらいはあるそうだから、貴方は総領事、居留民団長、学校長、何もかも一手に引き受けたような任務を負うて、残留者の同胞の世話面倒を見るよう」

と言われたものであるから、いよいよ私は本気に考えるようになり、再び「己が部屋」に退いて、たんだ一日ではあったがようやく考えた後、

「家内が帰らないと言うくらいのことでは断じて神の召命《しょうめい》を退けてはならぬ。けれどもかく捕われ、つかまりし以上、またすでに日本人である以上、つかまえたものの袖を振り切ってまで逃げる訳にはいかぬ。

よかろう。そういう事であるならば帰りたいのだが、踏み止まることにすべい」と腹を決めた。この決心を聞いて最も喜んだものは家内と、それから崇貞学園の学生教員達だった。

（1）伊東豊作氏は中日の上流層に最も馳名《ちめい》。かつて「好ましき日本人」としてほめられた人。先頃、北平（一九二八年から一九四九年までの北京の呼称）で脳溢血で倒れ療養中の由。快癒を祈る。
（2）王文貞中将。西安《せいあん》（陝西省の省都）から一番乗りでもって、北平に入京せし人。

残留歎願書

それは九月の末頃（昭和二十年）だった。崇貞学園の校庭を数百名もの見慣れぬ中国兵が占領した。その軍隊が、北京一番乗りの国民軍だった。崇貞学園の校舎を兵営とし、運動場を練兵場となし、炊事場を作ったりして、永久的に設備を構え始めた。国民軍には違いはなかったが、正規兵ではなく、雑軍であったから、校門に前哨を立ててはいたが、統制はからっきしなかった。

彼等は私共の住宅の廻りの棗《なつめ》をちぎっては食い、ちぎっては食べた。言い遅れたが私のことを学園の生徒達は棗樹《そうじゅ》先生と呼び、家内のことを清水太々といっていた。そして私達の庵を誰いうとなく棗園《そうえん》と名づけていた。棗の木が十数株も植わっていたからこんな、通称ができたのであろう。

その十数株が悉く種類を異にしていて、極めて甘いものそれほどではないが、相当甘いものややすっぱいの、少々苦味のあるもの、卵型のもの、瓢箪形のもの、達磨の形したもの、まんまるいの、提灯に似たるものとりどりあった。夏の終頃になるとじっわりと枝も折れんばかりにしわって、鈴成りになり赤く染って、花の咲けるが如くに美しく飾られていた。

私は棗を愛した。棗の葉は鼠の耳の如くに小さく、その枝は亀頭のように醜く、その花は色も香もなく極めて小さくはあるが、その幹は樫の木よりも強じんであるから、中国人は車輌の心棒に用う。

が心棒強い木であるばかりでなく、その実はじつにおいしい。生で頂けば李の如くややや熟するのを待てば林檎にも劣らない。

干して乾かせば甘味豊かで、それを煮れば西洋人の食卓に上るブルーンよりもずっと甘い。しかも棗の実は貧しい賤しい人々でも、たくさんに食うことが許される。無論、富貴の人でも食して恥じない。その点、林檎や梨の如くに一つ幾円というほどに高価でないから、平民的なフルーツであるというべきである。

私は長年の間、いつくしみ育てた棗樹が折れはしまいかとあんじながら

「まだよく熟しておらぬから」

と申し上げると、兵隊さん達は、

「不要緊《プーヤオジン》、不要緊」（かまわない、大丈夫の意味）

心配いらぬ心配いらぬと仰って少しも遠慮遊ばされぬ。

「もう十日ばかりして食べねば、腹が下りますよ」

というと、

「不要緊、不要緊」

とまたいう。何しろ何百の人々がちぎるのであるから、見る見る間に雀の群れに襲われし麦畑の如くに、毛虫のついた桜の木のように棗は裸にせられた。私はきのうと変る見る影もなき棗の木々を眺めて、本当に悲しかった。

棗の樹から樹へ移るために屋根を歩く足音で、私共の部屋がどしんどしん響く、婦女達

は震え上がるほどにこわがったが、さすがに雑軍であっても国民軍だけあって、危害や暴行を加えようとはせぬ。

学園の授業は中止させられて、当分学校はお休みになり、先生も生徒も困っていると、ちょうどよいところへKという国民軍大佐の軍服を着ている青年紳士が、何の前ぶれもなく私共を訪れてくれた。

「清水先生、久遠々々我是K」（お久しぶりです、Kです）

といって両手を私の両肩にかけて、挨拶するのであった。

私はあまりに思いがけぬことだったのでびっくりした。K君は日支事変の前までは、北京大学の理学系の学生だった。彼は貧しい田舎の村夫子《そんぷうし》を父としていたので、学資に困っていたので、私は彼にメンソレータムのペドラー（英語で行商人の意）をやらせて、中学を卒《お》えさせたが北大の学生になってからは毎週一日、崇貞学園へ物象化学を教えに来させて、その学資を呉れてやっていた。

日支事変が起って、幾日も経ざる頃ある日彼は私に、自転車と毛布とお金百円を乞うた。私は彼がたぶん戦線を越えて、向う側に行かんとしてるのであろうと想像したから、それとはいわず種々と語り引き止めてみたが、断乎として行くといってきかなかったから、私は彼には与えなかったが、メンソレータム(1)の店員で、彼と親しい関係にあった王というものに自転車を呉れてやり、毛布も与えお金を百円出してやった。王もそれと知って彼に渡したのであった。

K君は果せる哉、北京から自転車を駈って遠く西安に落ち延び、何応欣《かおうきん》氏の軍に入ったが抜てきせられてその秘書に任ぜられたこともあったそうな。終戦の後特別の任務を帯びて、北京へ一早く乗り込み来ったのだそうである。見るからに立派な将校である。三日見ぬ間の桜哉とはよくも言われし諺である。

そうして入京の翌日、まず私を崇貞学園に訪れたのであるとのことだった。その時の私の喜びたら何に例え何に比べようもないものだった。

無論棗の実はK君によって完全に保護され、雑軍は翌日一兵も残さず、他へ移動し行って崇貞学園のベルは再びチャペルを報じ、その金鈴の如き音は再び朝陽門外の隅々までも響き渡った。

K大佐は私のために例の重慶から来てるという北京三日本人残留許可文書を捜し索《もと》めてくれたのであるが、やっぱりそれは謡言、ルモアー、噂だけのものであったかどこにも見つからなかった。

K大佐はそこで、私に三通の残留歎願書を提出することをすすめた。一通は北京市長熊《ゆう》、一通は第十一師司令孫、一通は北平行営主任李の三氏へ。残留歎願文はK君自ら綴ってくれた。私は自筆でそれを写し捺印して提出したのである。

K君は自ら、右三氏に会見して直接当っても見、重慶にも打電もしてくれたそうなが、熊市長からも孫司令からも李行営主任からも、殆んど同文の短い、しかし儀礼に富める丁寧な返書が来た。

「貴君にだけに特別の例外を設けることはむつかしい、日本人引き揚げは重慶の国民政府の決定であるから。どうか一応は帰国して平和会議の後に、改めて来られるように」

こういうお返事を貰った限り、私は帰らねばならない。また私が帰国したからといって、何人も初志を挫きしものと称して嘲ることもあるまい。

「君は中国の土となると、いったではないか」

といって詰るものもあるまい。大きい顔して日本へ帰り行ける。

私はかく、人にも自らにも叫んでやっぱり神意は私の日本に帰り行くにあることを知った。

（1）当時私はメンソレータムを北支に売り拡め、その利益を学校経営の資金としていた。

学園の後始末

いよいよ帰国と心定めたる時、崇貞学園を後どうすべきか、後々のことまでよく考えてやらねばならぬ。

日本人たる私共と漢奸《かんかん》の罪名を負いそうな中国人は、崇貞学園の理事会《トラスティ》から、退いて頂いて残った理事の外に新たに理事を数名委嘱して、新理事会を組織して私共の去って後の崇貞学園を、経営し行けるよう画策したのであった。幸い日支事変前の理事長が、南開大学の総長・張伯令《ちょうはくれい》先生(1)であって、同氏は中国においてナンバーワンの人物であるから、張伯令氏に再び理事長を引き受けていただき、銭稲孫《せんとうそん》(2)、柯政和《かせいわ》(3)氏等には引退してもらって、その代わりに重慶の要人、王、劉両氏に理事就任を願って、学園を多年支持しくれた他の八名の理事と共に新理事会を組織し、ともかくも学園が継続せられるよう奔走した。無論、私自らはもう、街路を人力車で走ることすら許されぬ日本人であったから、もっぱらK少将——十月の中頃にはK君は少将に昇進していた——に何もかも奔走してもらったのである。

新理事・王氏は当時、北平第一流の重慶側要人だったし、劉氏は天津の日僑《にっきょう》収容所長だったから、この理事会さえ成立せば私共がいなくっても、学園は続行されるであろうと考えたのである。

何もかも順調に進み、十一月八日「東華楼」で宴会を開き、第一次理事会を開くべく、案内状を新旧理事に発送した。私はK君と同道、この日は朝早く新理事を歴訪して、必ず宴に出席されるよう要請し歩いた。

「これで自分の中国における仕事は完了」

と思えば、靴磨りへらして歩いたが少しも靴は重くなかった。

新理事会組織のための宴会時刻の十分前、私がK君と共に「東華楼」に達すると私を待ち構えていた家内が、だしぬけに、

「とうとう、来るべきものが来ました。今朝あなたが出かけて間もなく、接収員が五名連れでやって来て、崇貞学園の門扉に『北京市政府教育局接収保管』の紙をべたべた貼って行きました。私共の住宅の方は手をつけませんでした」

と告ぐるのであった。K君は「心配せんでよい。新理事会さえ成立すれば学園は返って

くる」といって予定の如くに、第一次崇貞学園新理事会を開会した。孫文先生の扁額を会場の壁に掛けて、総理（孫文のこと）の遺嘱《いしょく》を朗読し、座長を選び新理事会の組織を宣言し、理事長を選び一時間ばかり種々議して、皆口々に私共が中国の教育、伝道のために長年尽くせしことを感謝し、今後立派に崇貞学園を守り必ず、中国文化のために貢献することを誓うと告げたる後宴会に入った。

劉理事はこれから宴会、会食という段取りになると、

「ボーイ、来《ライ》」

と、軍人らしい大きい声で、給仕を呼んで、

「今夕の菜単子《ツァイダンヅ》（メニューの意）を見せろ」

といわれた。私は長い間中国には住んだが、お菜の目録書を見せろといったお客には、未だかつて出くわしたことがなかった。どうするんだろうと怪しんで見ていると、ボーイの持ってきた、菜単子に自ら筆を加えて、燕の巣だの、鱶《フカ》の鰭《ヒレ》だの値段の張る贅沢なお菜を皆消して、安価なお菜のみとした。私はその挙措《きょそ》をじっと見ていたが涙が思わず、両頬を伝うのを覚えた。こういう人々が日支事変以来、日本軍に抵抗していたのだ、ひとり美食を欲にして《ほしいまま》いた日本の軍人が、ついには敗北してしまうに至れる。誠に当然のことであ

ると思った。またこういう人々に崇貞学園を引き継いで帰るのだと思うと、実に末頼もしう思われ嬉しかった。

（1）南開大学は天津にある。総長張伯令先生はその創立者。先生は青年の頃、海軍軍人だったが大阪に寄港のみぎり、たまたま北野中学校の設立せしを見て、大いに覚るところあって、天津に帰るや、北の野蛮、南の開化をもじって、南開中学を建てし人、今日では南開大学、南開中学、南開小学、皆そろっている。張氏は総長の位置にありながら、三間屋子に住んでいる。実に中国の新島襄にあらずんば、福沢諭吉である。
（2）銭稲孫氏は北京大学校長たりし人。日本語の達人で万葉集、源氏物語の翻訳者。聞くところに依ると戦犯者として刑に服されしが、この頃健康すぐれず病院にて療養中の由。
（3）柯政和氏は台湾出身の音楽家。戦時中新民会幹部だったため目下服役中。

エホバ取り給う

東華楼における崇貞学園新理事会くらい、重苦しい会食はなかった。すでに北京市政府の教育局が、接収して門の扉を封印した以上、どうすることもできぬではないか。ただ一つの望みは張伯令先生が新理事会の理事長として、教育局から学園を返してもらって、自ら経営に当って下さるならば、崇貞学園は引き続いてクリスチャンスクールとして、経営せられるであろう。張先生は何しろ、中国ナンバーワンの大教育家であって、中国第一の人格者で、かつては国民党副総理たりしこともあった。日支事変勃発の頃における中国各地の大学は三十幾つあったが、中十六の大学総長は彼の門弟であった。そして事変までずっと崇貞学園は張伯令先生を理事長として戴いたのであるから、今や崇貞学園活殺は一つにかかって、張先生が出馬するか否かにある。重慶の張先生に電報で要請しようではないか。

そうする外に、どうにもならぬではないか。

なにぶん新理事の中には貴州人あり、山東人あり、西安の人も居れば上海の人も居られたので、さすがの私もよくはキャッチできなかったが、まあ、大体そういうような話であった。

私はかえって、その人々よりも冷々淡々たるものであった。こうなった以上は新理事会の経営の下に崇貞学園が一つのクリスチャンスクールとして、継続せられるには越したことはないが、行末長い間の経費の問題もあるし、また貧しくなり行く日本から、果して送金できるかどうかも疑わしかったから、むしろ市立の女学校として、栄えて行くのも一案かと考えられたから、ただ終始黙って聞いていた。

けれども彼等が、

「張伯令先生が、背負って立って下されば」

という言葉を聞いた時には思わず唇を割って、

「その通り。私もそう思う」

と相槌を打った。何とならば独力南京大学を打ち建てえたところの張伯令先生であるから、私なき後の崇貞学園を経営するくらいのことは、彼には何でもない朝飯前の仕事でしかないと思ったからであった。

幸いに新理事の中にはちょうどよく、張先生の門弟であって、重慶へ電報を幾らでも打てる所の通信社の特派員がいられたから、張先生へ長文の電報を打つことを諾され、

「頂好《ディンハオ》。好極了《ハオジーラ》」（とても素晴らしいの意）

「好々《ハオハオ》」

一同、夜更けて希望に満ちて、東華楼を出た。新理事はそれぞれ自動車で各自家へ向わ

れたが、私は無論徒歩でもってわが家へ帰った。

もう時計は十二時を過ぎていたが、家内はもう一度接収の結末を詳しく物語った。

「崇貞学園の金庫にあった所の現金十六万円も渡せというから、渡しました」

「それでは日本人の教職員が、引き揚げて船に乗るまでの費用はどうするんだろう」

「勿論、そのことを一生懸命に主張しましたがね」

家内は順序もなく後先もなく気になる事から、先に語るのであった。

「驚いたことには接収員の中には、Oの太々《おくさん》の弟がいましたよ」

「どのOだ、まあ、べそかかんでくれよ」

「あの、Oが日本の憲兵隊に捕まった折、あんたが隊長の宅へ日参して、ついに釈放してもらったあのOさんですよ」

「何んだって、Oの太々の弟‼　O太々は、僕をその弟の家へ呼び出して、僕に憲兵隊長にこう言って頼んでくれ、これを持って行って動かしてくれ等いったんだから、その弟は自分の姉がどんなに僕に世話になったか、よく知っているはずだよ」

「だから、わたしは接収員の中にO太々の弟が居るので吃驚《びっくり》したのですよ。

それから、一番困ったことは銀行に預金があるだろう。百万円それとも一千万円も預けてあるだろうといって、承知しないのですよ。これだけの学校を経営する以上、なければならぬというのです」

「そらそう思うのが本当だろうね」

「我々はゴールドの上に学校を建てしに非《あ》らず、この学園はゴッドの上に建てるのですと答えてやりましたよ」

「そらよかった。僕の口真似だね」

その夜は東の窓が白らむまで、私共は接収の経過やら、対策やらを喋り続け目が冴えて、どうしても眠れなかった。

翌十一月十日の朝、学園へ行くと学園の校舎の中へ入ることが許されなかった。

「そうですか」

といって、踏み入れかけし片足を敷居から後へ戻して、私は右手の掌で煉瓦を撫で、

「この校舎が、竣工落成した時は嬉しかったね」

と言うと、家内は額を校舎の煉瓦にあてて、しゃくり泣いていた。

「今日は住宅の接収をする。午後四時までに私物はことごとく持ち出すように」

という命令を受けた。もう十時を過ぎている。そら、大へんだと言うので、上を下への

大騒動である。何よりも大切なものは米だ。塩、醤油、味噌、缶詰である。家内は数ケ月は事欠かぬほどに貯えて置いた。次は石炭である。北京では石炭なしでは越冬はむずかしい。四十屯《トン》も貯えておいた。幾ら大事なものであると言っても、やっぱり女性にとっては衣類も棄てがたい。私には書物が惜しい。馬の挽く大八車を借りて来て、それ等のものを手当り次第、山積みに荷造りおおせたのが、午後の五時だった。

「さあ、これから運ぼう」

といって、馬に鞭をあてたかと思うたその瞬間、

「その馬車待て」

の命令が下った。

「もう、朝陽門が閉っているから、明日の朝にせよ」

というのである。仕方がない。日本人の教員と女学生は各々両の手に持てるだけ、背に負えるだけを持ち出して、引き上ぐることにした。

翌朝早々、出かけ昨日の夕暮れ積んだままにしておいた大馬車を動かそうとしたら、

「不行《ブシン》」（だめ《ダメ》）

の一言でもって、心を尽くし言葉を尽くして、歎願、懇願してみたが駄目だったから、

一層のこと叩頭《こうとう》てやつをして哀願してみようかとすら思った。叩頭というのは、ひざまずき両手をついて額でもって地面を、こつりこつりと音がするほどにたたく礼である。

私はそう思った刹那、康熙、乾隆の頃、中国に来たアマースト卿、マカートニー卿(1)の故事を思い出した。

私は思い切ってこの際、叩頭の礼を試みようかとも思った。事は自分一個の利益ではない。邦人教師や、女学生はさぞ悲しいだろうと思ったからだ。私は膝を折ってひざまずくところまではしたが、叩頭だけはついにできなかった。

かくて、私共はすべてのものを一朝にして失い、本当に文字通りのすっぱらぱん、着のみ着のままでもって、三十年住み慣れし「朝陽門」から追われてしまった。

(1) 一七九三年大英国からアーリー(初代の意)マカートニー卿が、清国への最初の国使として遣わされた。皇帝の侍臣は熱河《ねっか》で拝謁を賜うよう、取りはからったが叩頭の礼をせねばならぬと要請したので、マカートニー卿はそんなことせんならんのなら止めたといって、拝謁もせず通商条約も結ばず空しく帰って行った。

一八一六年八月二十九日、再びアマースト卿が、天津から万寿山まで、献上品の土産物をどっさり担がせて、行列をつらねてやって来た。皇帝の侍臣はマカートニー来朝の時のこともあったから、今度は早々の間に叩頭せしめようと考えて、隣室へ皇帝が出御、衣ずれの音が聞えるや、唐突に叩頭の礼を要請した。アマースト卿は、ははあ、これだなと思って、きっぱり拒絶してさっさと拝謁を棄権して引き上げて行った。

形見の遺留品

私共の家具は何一つとして、それぞれ思い出深い歴史あるものばかりだった。

椅子四脚、ソファ二脚、クラッカーのソファ二脚はテーブルと共にアメリカンオーク、俗にいうミッショナリー・セットだった。食堂テーブルは十二人が囲み得る伸縮自在のオーク製だった。食堂ビュロー（書き物机）も付いていた。このアメリカン・オークのセットは中国ＹＭの総主事たりしエドワード氏の家具であったが、帰国せらるる時、私が北支のＹＭが日本軍のためにいじめられた折に、少々奔走して差し上げたためか、ただのように安価な値で譲って下さったのであった。

私共は赤い、蒙古絨氈を敷いていた。あれは日本からある富豪が来られて、北京絨氈を何枚も何枚も買われた折、私が最も合理的値段で買って差し上げたため大いに喜んで、古物ではあったが、買って下さったのがその赤色の蒙古絨氈である。実に上品な美しい色彩の絨氈だった。

私は二間（一間は約一八〇cm）もある食堂ビュローを持っていたが、その上にフィルコのラジオと大きい花瓶を載っけていた。フィルコは天津の「三友洋行」から贈られしものであった。それは事変前だった。三友洋行の燐寸工場の敷地のまん中に、三階建ての小さい家屋があった。その三階の建物は三友洋行の所有ではなかった。それはL家のものだった。L氏はいくら歎願しても三友洋行に売ろうとは言わない。馬鹿に高い値でもって譲ってくれと言ってもみたが応じない。それには三友洋行は弱っていた。第一、土塀をめぐらすことができない。土塀を作っても、その三階の建物に出入りする人々を通さぬ訳にいかない。そこで私にL氏を動かすべく依頼したのであった。ある日私は三友洋行の吉田氏と共にL氏を英租界の邸宅に訪たると、私の名刺を見るなり、L太々が、

「あんたが清水先生ですか」

という。中国の婦人がそう初対面からして心やすくいうものではない。にこにこしてい

るではないか。聞けば、L氏の長男が、私に一方ならぬ世話になったのだと言うのである。そう聞いてみると、私はL氏の長男が上海へ旅行中、旅行先で飛行機から落ちた爆弾の破片で怪我せる時、長い間その留守宅を護ってあげたことがあったことを思い出した。その留守宅というのは私の町内にあって、米国人の夫人とL君との混血児の少年から成り立っていた。外人のこととて自分の夫の父母が天津にいることも、富豪であることも知らなかった。旅行中の夫から通信もなければ、送金もして来ない。たぶん二、三ケ月も行方不明のままだった。無論負傷して入院していたことであったろうから、手紙も葉書も書いたに違いないが、たぶん憲兵隊か何かが、遮って手紙を没収していたのであったろう。その折、その金髪の夫人が私共をしばしば訪れ、私共もお気毒に思ってお金を貸してくれたり、また食物もお上げしたりしたのであった。もちろんL君が帰宅して借りたお金は、すっかり精算してくれたのであったが、L家はそれをとても感謝していたものらしい。

三友洋行は工場の敷地のどまん中にある三階建てを買い得た悦びを、フィルコの贈物をもって私にあらわしたのであった。

大きい花瓶は高さ三尺五寸（一尺は約三〇cm、一寸はその十分の一）もある大物だった。金泥の塗れる桃の画が焼着けてあった。日本人の制作に似合わず線が太く、がっしりした重々しい感を与える花瓶だった。

この花瓶は今日においては名ある陶工、川村喜太郎氏の作である。同君がまだ若い頃、制作欲に行き詰まりを感じて、中国に逃げて来られたことがある。その折、私は我家に長逗留して頂いて、ゆっくり研究してもらった。同君は宋、元、明の陶磁器を求めて破り砕いて研究せられた。同君が私共の家庭から帰り行かれる時、

「他日、名ある陶工となられたら、その時に一品必ず賜えよ」

と堅く約して袂を分った。その後約十年間ほど、年賀状の外には通信もせず互いに別れ別れに人生行路を歩み進んだのであったが、ある日、文展（当時の文部省展覧会の通称）の造形美術の展覧会場に同君の水さしが、特選になっているのを発見して、びっくりもし喜びもして、京の五条阪の邸をお訪ね申し上げたら、かつて堅く約せしことを自ら持出して、あたかも紐育の博覧会から戻ってきた大作、売価五千弗と札の付いてる花瓶を贈られたのであった。

その花瓶がビューローに載っていた。

その他一枚の額といわず、掛軸といわずいずれ一つとして、思い出のないものはなく何かお助けしてお礼に頂きしものでなければ月賦でもって購い求めたものであった。いずれ一としてわが家の歴史、北京三十年を物語らざるものとてはない。すべて肉の着いていく

ほどに手放し難いファニチュアー（家具のこと）であったが、一九四五年十一月十日、一朝にして一物半品も残さず失うてしもうた。

あの数多くのわが愛用のファニチュアーは皆どうなったであろうか。あたかも人が死んだ後に羽織だの帯だの、服を形見分けに一品ずつ、多くの人々に分け与える如くに我が愛してやまざる中国の人々が、一つ一つ愛して使っていて下さるであろうか。

読者諸君、ここらで私がこの文章を綴りつつ、ちょっとばかり自分の実感を告白することを許されたい。正直なところ私はこう思っているのである。

私は今、一個半個のファニチュアーもないシンプルライフを生きている。がしかし、何でもかんでも、椅子でも机でもラジオでもライカでも、どっかに預けてあるような気がしてならぬ。自分が何物も持っていないような感じがどう考えてみても少しもしない。本当に何一つ持っていぬが、何もかも持っているような賑かな豊かな気がしてならぬ。これは不思議な心境である。「我何物をも持たざれども、凡ての物を持てり」という聖句はかかる心境をいうのであろうか。

名を中国に残して帰る

崇貞学園にはかわいい小さい王宮があった。入口には大理石の獅子が、左右にたたずんでいた。たいていのところの獅子は坐っているが、その獅子は歩いてるところだった。雄獅子の方にはその耳たぶに赤坊の獅子が喰いついてぶらさがっていた。牝獅子の方には腹の下に乳房にすがる獅子の赤ちゃんがいた。

外観は中国風の宮殿造ではあったが、鉄筋コンクリートで、内部は全然洋風だった。この小さい王宮は、Wという北支第一流の実業家が寄付してくれた建築物だった。私共はこの建物を図書館とミュージアムとに用いていた。地下室には書棚をぎっしり作って、一階はミュージアム、中二階に読書室を設けておいた。

そのミュージアムには私の長年に亘りて蒐集せし、コレクションが硝子箱の中に入れられて、陳列されてあった。

甘粛《かんしゅく》出土の壺三代の色彩せる土器。堅い金槌でたたいても折れぬ大理石に似たる石斧、石器、硝子玉、周の銅器、漢の瓦器、唐宋元の陶磁器、明清の焼物、皆ずらりと揃えて置いた。銭も骨で作った銭、貝の銭、それから各時代の銭を蒐集して置いた。紙も板ぎれに、竹、獣骨、亀甲それから、瓦を紙の如くに用いてるもの皆蒐集して置いた。また画や文字の書いてない唐、宋、明、清、各時代の紙を一通り集めて置いた。

石摺の拓本もうんとこさと蒐集して置いた。これ等のコレクションはお銭で集めたのではなかった。

無論、ただでは到底蒐集できるはずはないが、私のいう意味は大金をもって集めたのではないという意味である。泥棒市場とか、百姓とか屑屋《くずや》からとか、そういうところや人々から買い取ったものばかりで、最も値高いものでも百円とは出してなかった。しかし、それ等のものの中にはほとんど偽物はなかった。その代わり破片のものもあれば美しくも何ともないものも多かった。

しかし歴史の参考品としては値高いものばかりであった。中国の古物ばかりでなく朝鮮の楽浪《らくろう》出土のガラス、煉瓦もわが国の弥生式土器、縄文土器もたくさん集めていた。そうだ。キリスト時代の銅銭もあった。それらのコレクションはいずれ一つとして、私にとって老後の慰めであるばかりでなく、客人に蒐集の苦心談をするのに必要なる物品であったが、今はすでにもう私の所有から、全然離れてしまった。

そうだ。私は思い出した。あの銅器の香炉は確かに周のものだったが、あれは日支事変よりもずっと前だったが、ある年河南省へメンソレータムの商路を拓きに行った折、得たものだった。支那宿に泊まっていると隣室に大喧嘩が起った。私のことであるから余計なことに隣室へ侵入して仲裁役を買って出た。

見れば一人の男は農夫らしい。一人は地主だ。二人は銅器の香炉を前にして、文字通り口角泡を飛ばして争っている。

聞かずと知れた。百姓が耕していると土地から古銅器が出てきた。地主は俺のものだというし、百姓は渡さぬと言うところに喧嘩が起ったものである。

そこで遥々、城内へ運んできて役所へ訴え出ようと言うのである。私はその香炉を一目見て吃驚した。

「こら、周のものだ」

思わず口に出したが、うにゃうにゃと言葉尻を誤魔化して、それを四百両で買い取り二百両ずつを二人に分配して、二人の喧嘩を示談に治め、

「わしは、こんな古ぼけた香炉などいらんのであるが、お前さん達の喧嘩を治めるために買ってあげるんだ」

とか何とか言って、持ち帰った逸品だった。日本からの漫遊客にして垂涎を措くあたわず一万円出すといった人もあったが、私は手離さなかった逸品だったが、それもこれも皆今はすでに、遠い遠い国の宝物とはなりおおせた。

図書館の地下室には、四千八百冊の和、漢、洋の本があった。それ等は私共の生涯の伴侶だった。『四部叢刊《しぶそうかん》』の如き揃ったものもあった。稀本《きほん》に類するものも少なくなかった。太平天国研究の資料は相当集まっていた。洋書は基督教に関する書物だった。バイブル・ディクショナリー。ヘスチングのディクショナリー。インターナショナル・コメンタリー。ニューセンチュリーバイブル、皆揃っていた。ヒストリアン・ヒストリーもあった。エンサイクロペディア・ブリタニカもあった。

二冊ずつ同じ本があるのは、私共が結婚前に別々に読んだからである。これ等の書物には蔵書印も捺してあるし、洋書にはサインが一冊々々書扉の一隅に認めてある。

私共は今、何が寂しいといっても手許に一冊の本もないことくらい寂しいことはない。それであるから思い出しても惜しくて惜しくて叶わぬ。

けれどもただただせめてもの慰めは、あの書籍に一冊々々私共の名が印してあることだ。中には買った日やどうして購入したか例えば月賦で買ったとか、この本買うために何の労働を働いてお銭を獲たとか皆書き込んであるから、中国の人々が私共の書物を繙くときに必ずや、私共のことを思い出してくれるであろう。どんなに私共が中国と中国の人々を愛したかと思い出して下さるであろう。そう思うと私共は名を後世に遺しえずとも、名を中国に残して来たわけである。何と愉快なことではないか。

もっとも中国に残して来たものは、名ばかりではなくって、小さい王宮図書館の地下室の書棚の一隅に雛人形と大将の人形それから、手にまかさりを持つ金時とを、ぎっしり入れ込めたる箱を残し来た。これらの人形は皆、東京浅草の人形店主山田徳兵衛氏の寄贈にかかる物で、私共の朝陽門外に在りし頃は来る春毎に中国や西洋の少年少女を招いて、学園は学芸会を催して、お人形を飾ったものである。

あるお人形は今も、あの箱の中に閉じ籠められているのであろうか。さながら戦犯者の如くに。

「崇貞のお雛様はどうなったろうね」

それは去年も今年も三月三日の夜、私共の家庭では炉辺の話題とはなった。死せる人形などどうなったってよかりそうなものだのにどうして私共には、こうまで気になるのであろうか。

「崇貞の姑娘達はどうしてるだろうね」

という代わりに言っているのであろうか。とにかく、何年たっても崇貞宮に残せし雛達のことは忘れむと欲して忘れえはせぬ。

一千年の後までも

朝陽門外の崇貞学園と天橋の愛隣館(1)は私が心血を注いで経営せるものであった。大小二十二棟の建物で、敷地は一万四千坪あった。(2)北京では北京飯店に次ぐところの接収不動産だった。まあ評価は法幣（当時の法定貨幣）三十五億円くらいところだろう、ということだった。それが米弗が一ドル法幣千五百円位の頃の相場であるから、相当なものである。

すべての在支日本人は接収の折、その財産目録を作って、中国側の受領証をとり、総領事館に届け出でたものであった。それは国のためには日本から中国へ払わるべき賠償金に加算してもらうため、また自己のためには他日自国の政府から、少なくとも何割か返してもらえると思ったからであった。

私は絶対、大使館にも総領事館にも、届け出でなかった。

「日本が一文でも賠償金を支払う時、得するのであるから、日本国民としてなすべき義務だ」

というて、私を咎める人々もあったが、私はそういう人々に、

「私は中国の人々のためにと称して募金して、建てたものである！　いったん献げたものであるから、これ等の財産は中国のものであって、日本人のものではない」

と頑張り、

「その代わり他日、日本へ帰って必ず学園を創立して、今度は米国にでも行って募金して、この崇貞学園よりも、もっともっと立派な校舎を日本に建てて見せるから」

といって、お目こぼしを願った。

崇貞学園は接収の後、市立の女子中学校として、引き続いて経営されている。校舎もそのまま、生徒もそのままである。教員も半ばはそのままである。学園のベルは今も昔の如く鳴り、私手植えのキバナハマナス(3)は来る春ごとに散り乱れ、夏は夏で立あおいの花畑とはなっているはずである。

私共の建てた校舎は鉄筋コンクリートである。ジムナジアム(4)は天井も壁も皆鉄筋コンクリートである。煉瓦と瓦はコンクリートに埋めはめ込まれているに過ぎぬ。

壁は煉瓦を縦に二枚、横に一枚並べたる厚さにしてあるし、床は一階も二階もコンクリートで、木材は用いてないから、焼こうも焼けっこない建物である。普通西洋建築には柱がなく、周囲の壁で屋根を支えているのであるが、崇貞学園の校舎は鉄筋コンクリートの柱が、中国建築の型通りに入れてある。

実にこのうえ頑丈にはできぬという建て方である。設計技師の米人デイン氏は一千年ギャランティーのビルディングだといっていられた。

建てたその頃は一枚の煉瓦が七厘（通貨の単位）であったし、鉄材は木材よりも割安だったから、ああいう頑丈な建築ができたのであった。どうしてあのような頑丈な建物を建てたかというと、それは一千年の後まで遺したいからだった。

奈良には唐招提寺という寺がある。鑑真和尚の建立にかかるものであるが、唐招提寺の金堂に詣ずる者にして、唐僧を思わぬ者とてない。

後の世までもその建物ある限り、人々は相伝えてやめない。

「僕は、一千年の後までも遺るところの建物を北京の朝陽門外に建ててきた。そしてその建物の礎石には寄付者の名前が彫り刻んである。たんだ《ママ》五十銭銀貨一つ寄付しくれた人々の名前までも彫り着けておいた。一千年の後、あの建物が何かの天変地異のために、あの礎石が露出したる時には四個字姓名だの五個字姓名が書き誌してあるので、正しく日本人が寄進したものであることが、後世の中国人に知られるであろう。

そう思うと私の身の内が、うずうずするものがあるを覚える。

（1）天橋愛隣館は日本基督教婦人会が、募金して建てたもので、その経営は専ら私に委任せられていた。施療部、授産部、貧民学校を持っていた。
（2）崇貞学園の敷地は大阪の万年社故高木貞衛氏の寄付。
（3）キバマハマナスの花が崇貞学園のバッチだった。
（4）ジムナジウム（体育館）は対支文化事業の寄付、外務省の宮崎申郎氏の尽力に依ったもの。

永遠の残留者・美穂

私達は崇貞学園を出で去る日、亡妻美穂の墓に詣でることを忘れなかった。亡妻美穂は京都府立病院で死んだのであるが、その死するに臨み、気息奄々たる声でもって「あたしが死んだら、白骨を中国へ持ち帰って、どうか崇貞学園の校庭の土にして下さいよ」と言ったものである。

「墓碑(1)をどうしよう」「このままにしておこう」

私共は墓碑を地中深く埋めて、立ち去ろうかとも思ってもみたが、それさえもすることが許されなかった。

「美穂、お前は引き揚げることがいらんからよいね」

「いつまでもいつまでもお前の霊は学園に踏みとどまって、どうか崇貞学園を護っておくれ」

「それでは僕はもう帰るぞ」

私は独語しつつ、一枝の野菊を墓前に供えた。

私共が最後の墓詣でをすませて、学園の裏門まで来ると人が追いかけて来て、ちょっと待ってくれと言う。何かと思ったら、講堂の壁に掛っていた、故清水美穂の肖像を写せる油絵の額であった。

「何もかも接収したが、この油絵はあえて接収せぬから、お持ちになるように」

と言うのであった。私は、

「この絵は幾久しく講堂に掛けてやって頂きたいのですが」

と口まで言葉が出かけたが、ようそう言わずに唾をぐっと呑んで、

「ああ、そうですか」

と言って、頂いて担ぎ歩いた。その油絵は日本にても名ある長尾画伯の画かれしものである。暫くするとまた一人走り来り私共に追い着いた。教員である。

「先生、美穂太々の画像を日本へ持って帰れますか」

「帰れぬでしょう。写真も持てないそうだもの」

「じゃどうする心算」

「そうね清らかな火で焼きましょうか」

「先生、私に下さい。私が美穂太々の画像を保存しますから」

私達はほっとした。

「あんたが保存してくれたら、さぞ美穂《めいすい》太々《たいたい》も喜ぶでしょう」

私達はその額を教員の一人に手渡して、後ろを振り向き振り向き崇貞学園を立ち去った。

私どもが一キロばかりも学園を出て、朝陽門外の大街まで出るとまた一人が追いかけて来た。学園のチャプレン（聖職者の意）の老牧師である。何かと思ったら、

「これを先生にお贈りしますから、持って行って下さい」

と言う。ポケットの中から取り出したのは一冊の新約聖書だった。その聖書の扉には「遇顚沛不失望《ユーディエンペイプシーワン》」（つまづき倒れるとも希望を失わず）と墨痕鮮かに誌してあった。造爾《ぞうじ》にも顚沛《てんぱい》にも（つまづき転ぶわずかな間）という言葉があるが、その顚沛という文字である。日本の聖書には、

「せん方尽くれども、希望を失わず」

と訳してある聖句だ。

「顚沛に遇うも、望みを失わずですよと」老牧師は幾度も幾度も繰返しつつ私の肩を軽くたたいた。そして、

「再見《さよなら》」

「再見再見」

いうや否や、駈けるように学園へ帰って行った。

私はあれきり、私は崇貞学園を訪れなかったのであるから、あれが崇貞学園の見納めであった。

（1）故清水美穂の墓は崇貞学園のキャンパスの一隅にある。墓碑には門弟、馬淑秀女士の撰べる左記の碑文が刻んである。

「清水美穂一生不求自己之安逸。供其全身三分之一於学校。三分之一為丈夫。三分之一為児女。其一生未着珍貴衣履。所用之物皆係友朋友贈送之旧者。不幸早歿。臨終時嘱曰将我白骨帯往中国。葬埋此為我対放中国最後之供献。」

(清水美穂の一生は自身の安逸を求めず、その全身の三分の一を学校に、三分の一を夫のために、三分の一を生徒たちのために献げた。その一生で高貴な衣服や靴を身につけたことはなく、所有せし物はすべて友や朋友から贈られし旧き品なり。不幸にも早世す。臨終の時曰く、我が骨を中国に持ち行き、埋葬し、私の中国への最後の供物とす、と)

マナの奇蹟

私達は朝陽門外を去って、北豆芽菜胡同《ベイドウヤーツアイフートン》(1)の寄宿舎へ移った。この寄宿舎は数年前日本人の生徒のために借り受けて開けるものであったから、畳の室もあり、炊事場も設備されていたし、水道も来ていたから、反って朝陽門外よりも何ぼか便利に暮らしえたから、学園を接収されても私達は少しも困らなかったが、食物や石炭が無いのでどうにもこうにもならなかった。

四十屯の石炭も貯蔵していたのにただの半屯をしか運び出すことを得なかった。北京で越冬するためには食うものがなくとも石炭がなければ困る。一体どうしたら好かろうか。白米を半年分貯蔵しておったのに、各人が二升、三升の風呂敷《ふろしき》にくるんで持ち出しただけである。いつ引き揚げの順番が廻ってくるか見当がつかぬと言うに、何を食って生き延びようかしらあ。三家族の教員、三女学生を擁して、私達はまったく途方に暮れざるを得なかった。

「あんた、どうするつもり」

私が接収、転宅に実にあわただしい一日を終って、もう体はくだくだに疲れてはいたが、眠る前にベッドに掛けて聖書を取り出して読んでいると、家内がいうのであった。

私はちょうど詩篇二十三篇を読んでいたから、聖書を開いたまま手渡した。

「さあ己れは寝るぞ」

私の中学時代の級友に山路という元中将がある。しかし、彼は士官学校、私は神学校という風に卒業後は全く方角違いの人生航路を進んだがために、ちょうど三十年間音信もせざれば逢いもせずに別々に生きたのだった。ところが終戦より約一年前に彼は戦車隊長となって、河南作戦のために北支へ乗り込んで来た。ある日突然電話がかかり、

「やあ、清水さんですか、あたしは山路中将」

「一体どこから電話をかけてるんですか」

「ここは北京駅の駅長室」

最初の言葉はよそよそしい他人行儀の言葉であったが、次に出る言葉はもうすでに君僕であった。

「今夜、飯食いにお出でよ。えい、と旅館へ」

「子供は何人あるかね。三人。妻君も子供も皆つれて来てくれ給え」

彼は虎部隊長と称せられて、嚇々の戦功を立てたそうだが、終戦直前に彼の戦車隊は北京南部の豊台から、城内に移駐して隊長の山路中将は最後の北京衛戍《えいじゅ》司令官となった。

話は元へ戻って、それは私達が接収の折、朝陽門外から運び出した米が文字通り一粒も余さず、

「今朝は米びつを傾けて、お釜の中へぶちあけたんですよ」

という報告を炊事当番の女教員から聞かされた日だった。

「お昼は何を頂きましょう」

ときかれて、家内が困ってるところへ一台のトラックが寄宿舎の門前に止まった。兵隊

が五、六名も乗っているではないか。

私は門にかけ着けた。

「おや、林副官殿(2)ではありませんか」

「閣下が、お米と石炭をお届けするよう、命ぜられましたので」

叺《かます》が四袋並んでいる。三俵は日本米で一俵は塩だそうな。石炭がトラック一杯に積まれてある。小型のトラックではあるが、二屯くらいは積まれている。

「持つべきものは友」という諺があるが、私はどうしても友から、人間から頂戴したとは思えなかった。神よりのマナ（「出エジプト記」に出てくる神からの食物）としか、どうしても思えなかった。

兵隊達が立ち去って後、私は家族一同をもらった塩と米と石炭のぐるりに集めていった。

「不思議ではないか」

「……」

一同皆、唖然としてる。

「とにかく、今夜は久し振りにたらふく食おうではないか」

（1）中国人は豆の芽もやしを好んで食う。よって豆芽菜という町名もある訳だ。

（2）林副官は東京の人。復員後、井の頭におられるはず。

転宅また転宅

北豆芽菜胡同の寄宿舎は七棟から成っていた。女生徒百数十名もが住んでいた頃は、狭きを感じたけれども、たった三家族の教員と三女学生が住んでいては、がらんとして寂しいくらいだった。ある日、山西の奥地から引き揚げてきた一団の朝鮮人が、どっとやって来て貸してくれと言った。

「朝鮮人と同居するのですか」

一人の教員は馬鹿に「ですか」に力を入れて、詰るが如くに私に問うたから、私は、

「朝鮮の人々と一緒に居ると、いくぶんか危険率が緩和するでしょうよ」

「そう。そういう目的もあるのですね」

朝鮮の人々は喜んでくれたし、トランクを水がめの中に入れたり、お金を油紙に包んで床の煉瓦の下に保蔵している教員達も喜んだ。

北京の掠奪は北京神社(1)から開始された。

神社を北京に建てる時、それに反対したものは私一人だった。

私が反対意見を述べたら、

「神社を建てなかったら、誰が北京の日本人を守護するか」

と言って反駁したものは、巡査部長だったから、

「北京の日本人を保護するものは、警官でしょう」

と答えたら、聞くもの皆苦笑した。

「日本の神社は国家宗教の域を、越えておらないのであるから、よその国にしかもその首都に、神社等建立するのはどうかと思う。強いて建てたいならば、朝陽門外とか西城外とかに榛柏の森でも造るがよい。中国人も城外に祖廟を建てるのであるから」

終戦後、掠奪は保定《ほてい》でも北京でも天津でも、大抵神社から始まっている。殺された神官もいた。それ見たことかと私は言わざるを得なかった。

北京神社から城壁に沿うて、掠奪は北進して私達の住みし、北豆芽菜胡同の南端までやって来た。もう三丁（一丁は約一〇〇m）ばかりで我々の寄宿舎である。興亜会館の掠奪は最も激しかった。椅子を担ぎ行くもの畳を背負って走る人、トランクを車にのっけて行くもの、障子を二人でかいて行く姑娘。ぞろぞろと街道が行列をなした。

朝鮮の人々はこら叶わんと思いしものか移って行った。日本人と同居していて、とばしりを蒙って掠奪されては困ると思ったものらしい。私達は窓の中に板の桟を釘で打って、窓を破っても侵入できぬようにしたり、隣の家へ逃げられるよう抜穴を作ったりした。その戦々兢々たる生活たらいまだかつて味わわぬものだった。

そうこうしていると今度は、北豆芽菜胡同は日本人立ちのき区域に指定された。たぶん、新たに入城した中国軍の軍隊の兵営が、つい隣の胡同[2]にできたからだったろう。

「困った。また転宅だ」

どこに転宅すべきか。

「さして行く　笠置の山を出でしより　天が下には隠れ家もなし」という歌を思い出して、途方に暮れているとそこへちょうど友人牧師伊藤栄一君が、ひょくり来訪された。

「先生私が実によい家を借りてあげます。それは大同炭鉱の荒木理事長の邸宅です。荒木さんはまだ大同にいられますから、北京の邸が空いてるのです。

といって実に気軽く引き受けて下さった。

Oh you are an Angel！　家内は英語で叫んだ。家内は時折びっくりしたり感激したりすると英語で叫ぶ癖がある。今はすでに日付をど忘れしたが昭和二十年は十二月も押し詰って確か二十八日頃だったか、私共は二度目の転宅をした。

私共は掠奪はたいてい転宅の折、突風の如く巻き起こることを知っていた。すなわち転宅の際いらぬものを群れ集まる貧しい人々にくれる時にわしにもくれ、我的《ママ》にも進上々々《ジンシャンジンシャン》といい出したら、これを制する方法あらばこそ、ついにわっと来るのである。それが掠奪のはじまりとなるのである。よって私共は注意深く鼠の引っ越しの如くに毎日少しずつ運んだ。燃木を風呂敷に包んだり、米を靴下に入れたりして、女学生達はリレー式に極めて巧みに運搬したものであるから、ほとんど奪われなかった。女学生がパラソルを一本ひっこ抜かれたくらいのことだった。

大同炭鉱から私に貸与せられし邸宅は洋館だった。キッチンも便利に設備されていた。お風呂もあったし、水洗便所も備ってあった。それよりも何よりものことは、二丈（一丈は約三m）もあろうと思われる煉瓦塀で取り囲まれていたから、要害堅固、城の如くであった。電話もあるし畳の部屋もあった。マントルピースのついている洋室は二十名、三十名の集会にも手狭を感じないものだった。私共は長い長い間、低い天井の家屋に住み日本畳など用いることが許されなかったが、まさに北京を去り、まさに中国生活を終ろうとするにあたり、神は思い切って第一流の日本人の中国生活を営ませ給うたのであった。

「どうしたというのだろう。僕を神が特別に愛していらっしゃるのだろうか」

私は転宅後の第一夕、畳の上で飯卓に坐った時かく言って、神に感謝したのであった。

（1）北京神社は北京東城の貢院《こういん》跡に建てられた。
（2）胡同というは横町のこと。蒙古語《もうこご》である。

山上の説教を地で行く

引き揚げ待機のまま私共は新年を迎えた。崇貞学園接収の日、天性餅好きの私のことと
て、

「餅米はどれだ」

と呼ばわりつつ、倉庫の叺を一つひとつ開き廻ってると、女学生達が、

「先生って、呑気ですわ」

といって、私を睨んだから、

「でも、お前達はどの着物を持出して、どの着物を棄てておこうかと迷っているではないか、

僕はもうすぐ来るところのお正月に、餅が頂けないと悲しいから、何を持ち出さんでも餅米を持ち出そうと思うんだよ」

私のもちもちづくしは接収の修羅場に一瞬の哄笑を巻き起すことに成功した。

すると家内がやって来て、

「何を捜してるの。餅。餅米ならこれですよ」

私はその叺から、言われるままに持ち出したのであった。

十二月二十八日その餅米を持ち出して、餅搗をやったところが餅にはならんで、牡丹餅ばかりが出来上がった。たぶん接収の折あわてたからして、うると混ってしまったのであったろう。

元日の朝味噌汁の中へ入れたら、箸にも棒にもかからず、皆溶けてしまった。

終戦後日本人は人力車に乗ることは許されなかった。北京で人力車がなかったら、東京で電車やバスに乗れぬのと同じである。また日中、追剥に出逢うものも少なくなかったから、外出せんで家の中にじっとしていればよいものを引き揚げ待機のこととて、何もする仕事がない。徒食《としょく》しているのであるから日本人達は危険を冒して出歩いた。

私も時折、暇乞いがてら、知人を訪ね歩いた。すると南小街の胡同横丁を曲ったところで、五、六名の若者に包囲されて身体検査を受けた。胡同を曲ったばかりの角でやられた。その中一人がポケットに手を突っ込んでさぐった。財布には百円札が五六枚入っていた。法幣でなかったから、何ほどの値もなかった。

「こればかりか」

といったから、

「そうです」

というと、

「何の職業か」

と続けて聞いた。

「基督教的牧師」

と答えたら、

「走罷《ゾウバ》」（ゆけ）

といって、にこっと微笑した。

「そのがま口は返してやれ」

とボスらしいのがいうと、私のポケットに手を突っ込んだ若者は、

「Here it is」

と英語でいって、さっさと小走りに行った。私はがま口を受け取り、若者達とは違う方角へ小走りに去った。

「こわいことだった」

と、私は帰宅して、玄関に入るとすぐ家の人々に報告した。

「ピストルをつきつけられたんですか」

宅の女学生達が問うたから、

「いいや、ピストルは持っていなかったがね」

「じゃ、ジャックナイフで嚇されたんですか」

「いいや。そんなものも見受けなかったね」

「先生って、弱虫ですね」

「そう言えばそうだね」

引き揚げ待機の日本人は一名の例外もなく、絶対的無抵抗主義に生きた。イエス・キリストか、それともトルストイ主義者でもなければ、かつて実行しなかったところの「山上の説教」の文字通りの遵奉者だった。ある日のこと、こういう光景すら見た。見るからに教養ある一人の日本女性が、通りすがりの若者に指でもって頬をつつかれたが、ただ顔をちょっとそらしただけで、怒りもせず何もせず、歩き行き過ぎた。

別に総領事や、軍司令官から指令があった訳ではなかったが、凡ての日本人は終戦と同時に一躍向上して、すっぽんがお月様にでもなったかのように、なすがままに身を委せて、手も出さず口でも応酬せず、日本人は全然、無抵抗主義者に成り切ってしまった。

影膳を供える

私共は三名の女学生を預かっていた。彼等の父母は寄宿舎に預けたまま引き揚げ、帰ってしまったのである。たぶん私共と一緒にいたらかえって安全だくらいに考えて、天津から帰ってしまった。

さなくても食物の乏しい中をいつまでもいつまでも女学生を抱えているので、人々の中にはそういう娘達を集めて、収容してる機関もあるから、そういう所へ預けてしまえばよかろうにというものもあった。

けれども私は彼等をあくまでもお世話した。日本の土を踏むまで世話を焼いた。引き揚げの着物の中にも私共が持てるものは砂糖でも靴下でも、何でもかんでも皆入れてあげた。お金も一千円、彼等のために払い、日本へ帰って千円ずつ受け取れるように手配してておあげした。

どうして、そういう親切をしたのかというに、それには訳があった。

私共は二人の息子があって、一人は満洲医大に、一人は旅順高等学校に勉学していた。彼等にはもう半年間も一文の送金もできなかった。通信もなかった。一体どうしているであろうか。寝ても醒めても彼等の安否を気遣う心で胸一杯だった。

北京に朝鮮人教会があって、その金牧師とは長年の親友だったから、金先生の紹介状を大連《だいれん》や奉天《ほうてん》の朝鮮人教会へ送り届けるべく、種々策をめぐらした。朝鮮へ徒歩で引き揚げる朝鮮人青年の一隊があったから、その人々にもお願いした。けれども果して私共の子供等に届けられたかどうか解らない。

Tさんは日支事変前まで、北京大学の教授であった。事変の当初北京を脱出して重慶に行かれた。その脱出の折、日本の憲兵の手に天津で捕われたという謡言が立った。そのために日本人のT太々が非常に心配せられたから、私は業々天津まで出かけて真偽を確かめたりしたことがあった。

終戦後、T先生は満洲へ大官として赴任されることになり、途上北京へ立ち寄られた。私は迷惑とは知っていたが、旅順高等学校、満洲医大在学の宅の青年の安否を調べて頂くことにした。引き揚げ待機の私共のこととて、どうすることもできなかったから、到来物の白馬印の葡萄酒を手土産にして、お願いしに行った。

「パパ、あんたも重慶に行っていた間、北京に残して行った子供のことを心配したでしょう。子を思う親の心は三個字姓名でも四個字姓名でも一様よ」

いって、T太々は頼んで下さった。三文字姓名とか四文字姓名というのは、中国人の姓名は三字で、日本人の姓名はたいてい四字であるから、そういうのである。

「乞食でもしてはいないか」

「殺されたのならば、夢にでも見そうなものだ」

毎日彼等の安否を話題にせざる日とてはなかった。私は彼等に影膳を供えると思って、預れる三人の女学生の面倒を見たのであった。私がこうしてこの三人の他人の子を、保護しておくならば、きっと大連や奉天の誰かが私の子供[1]をお世話下さるに相違ない。それが私の祈祷であった。

（1）満洲医大在学の長男泰は終戦後卒業して、奉天で半施医院を経営し自ら院長となり、二人の医師と三人の看護婦を用いて、中国の患者のために大いに活動していたそうで、昭和二十一年（一九四六年）七月に無事帰ってきた。三男の畏三は旅順高校に学んでいたが、終戦後初めは大連で露店を開いて口を糊していたそうだが、台湾人に化けて大連から胡蘆島《ころとう》へ逃れて行き、あそこで通訳として働き二十一年八月に帰国し、目下（旧制）一高に学んでいる。

英語による奉仕

私共は中国の人々のために奉仕すべく遣わされたのであるから、在留日本人のためにはほとんど何もせずに三十年在留してきた。しかしながら、私共は崇貞学園が接収された後、引き揚げ待機の生活に入ってからというものは、それこそ全身全霊、フルタイムで日本人達のために心と体とを費やした。私共は近所の学童を自宅に集めた。学校が閉ざされたのであるから、少年少女は勉学することができぬ。そこで私共は小学生、中学生、女学生、誰でも来いという調子で寺子屋を開いた。小学生達は朝から来た。女学生と中学生は午後来た。

私が寺子屋を開いていると、家内は頼まれもせぬ御用を自ら作って奔走し歩いた。在留民の乳児が困っている。死亡率が高い。豊台《ほうたい》では六歳以下はこぐち《ママ》から死ぬということを聞いて、交民巷《こうみんこう》のイタリア公使館の米軍のヘッド・クオーターを訪れ、

「日本人の母親は精神的衝撃を受けて、乳があがってしまっています。それゆえに牛乳の配給を願えまいか」

といってお願いに行ったら、すぐ翌日から牛乳の配給が行われた。それからしばらくすると無蓋車《むがいしゃ》で天津へ送り返されるので、子供など凍死してしまうと聞いたのでまたしても米軍の司令官を訪れて、

「どうか婦人と子供だけには、客車を用いさせてやって頂きたい」

と願い出た。するといつも一分、二分の面会であるのに、

「まあ、あなたはこの椅子におかけなさい。そしてしばらく待って下さい。もう数分すれば私はタイムができるから、今日はゆっくりお話ししましょう」

J将軍は何か、手紙の如きものを一、二枚書いて、それから、

「お待たせしました。自分は上海に長く駐剳したことがあります。上海にいた頃フランスの天主教の尼僧さんが、毎日のようにやって来て私を煩わしました。それは中国人のた

めに訴えて来たのですがね、北京へ来ると今度はあんたが、毎日の如くに来て私にいろんなことを日本人のために訴える」

といった。

「私は日本人のために歎願に来るのでなくって、子供というもの、女性というもののためにお願いしているのです」

と将軍の言葉を遮ると、

「今日あなたに一つ言いたいことがある。それはあなたの属する日本国、その日本国民は中国の子供と女性とにどんなことをしたと思うね」

「……」

「……日本の兵隊は赤坊をその母親の前で壁にぶつけたり、石の上にぶっつけたりしたではないか。中国の女性を突いたり、切ったりして殺している。何の力もない老婆を刺し殺している。あなたの国民はそういう残虐な国民ですよ」

「わたしはそれを事実であると信じることができない」

J将軍はその時、隣室から士官を一人呼ばれた。そしてその兵士にいった。

「日本人の引き揚げのため婦女と子供のためには客車を用いるように、中国側に交渉せよ」

「はい」

士官は、はいと答えて引き退がった。将軍は口に微笑をたたえて、

「今、自分が部下の士官にあなたの希望の如くに、中国側に交渉すべく命じたことは事実です。あなたはそれを信じますか」

「もちろんその通りです。事実です。信じます」

「ちょうどその如くに自分はこの二つの眼で、日本の兵士が赤坊を虐殺し、婦女を惨殺したのを見たのですよ」

家内は顔を伏せてJ将軍の前を引き下った。

我なんじを捨て得ず

ある日の朝、たしかそれは一月の末だったと記憶する。天津から憲兵大尉が何の予告もなく私を訪れ、参謀長の高橋少将のところまで来てくれというので、司令部へ出頭すると、

「天津の日僑収容所の所長が、あなたの知り合いだそうな。どうかすぐ天津へ行って所

長をお助けして日本人のために面倒見てあげて下さい」

とのことであった。三十年の在支生活、何一つ在留日本人のために働かなかったのであるから、せめて一ケ月間なりともと考えただちに行くことに決心して、二日の猶予を願って準備支度をなした。ことによるともう北京に立ち戻らずに、日本へ引き揚げることになるかも知れぬと思ったので、その日の午後二十四年間私を助けて崇貞学園で働いてくれた所の張（仮名）女史（初代校長の羅俊英先生）を訪れ、いとまごいの挨拶に行った。

「あんたが、崇貞学園の教員になってくれたのはあんたの独身時代だったね」

「二十二でしたよ」

「随分この二十四年間、喧嘩したね」

「喧嘩ではありませんよ。討論ですよ」

「よく二十四年間も私に随いて来たね」

「よく私の如きものを長い間、お使い下さいました」

「いや本当に感謝しますよ」

私達は何時間話しても思い出は尽きなかったが、日がとっぷり暮れたので、日本人の夜歩きは危ないと聞いていたから、椿樹胡同《チュンシュフートン》の張宅を辞して帰ることにした。

門を閉める音を後に耳にしながら、私は胡同の曲角まで来てふと後を向いたら、張先生はじっとたたずんで、私の後姿を眺め見送っていた。私は五、六丁も歩いて後にもう一度と思って、張宅の門を叩いたら、門を開けないのでベルを二三度押したが、なかなか門を開けない。それで指で扉をぐいと押したら、扉があいて扉の中に張先生がしくしく泣いているのを見出した。

「別に何も用事がないのだが、もう一度さよならいいに来た。我汝を捨て得ず（我捨不得爾昵《ウォーシャーブダアルナ》）(1)。また講和会議の後に旅行が自由になったら漫遊にやって来ます」

いって別れを惜しんで小走りに、逃げるが如くに帰った。翌日はれぼったい眼蓋をしたまま張先生は崇貞の教員達を伴うて、どっさり菓子を携えてやって来た。いずれも私の教子で五年、十年、二十年と教員を勤めし人々だった。彼等は持ってきたお菓子をつまみながら笑ったり泣いたりして、一日中私共と共に過ごした。

（1）「我捨不得爾昵」は別れんと欲しても別れえぬ、という意味。

同胞へのラストサービス

あくる日私は天津へ移った。迎えに来られし憲兵大尉に伴われて行った。天津の日僑収容所の所長はL少将であった。この人は何応欽氏と同郷で崇貞学園の理事(1)であった。

私が天津に行くなり、誰でも彼でも頼むことは、引き揚げの際の手荷物検閲が寛大にならんことだった。麻袋が幾百となく検査場から運び去られるのを見て、人々は心を暗くし悲しんだ。

検査場に臨む時の日本人達の心は本当にぎりぎり一杯のもので、殺気立てるものであった。何しろすべての家財、衣服、財産の最後の数点をリュックサックにぎっしり詰めたものであるから、どうにかして、その一点も奪われることなくしてパスするように祈りつつ臨むのである。

人間の所有欲というものは旺盛な狂気じみたもので、私がちょうど検査場を視察せる日の出来事に、若い母親が赤ん坊をおんぶせる上にどっさり荷物を担いだものであるから、赤ん坊が窒息して死んでしまったというのがあった。その若い母親は冷たくなった赤坊の死骸を、もう乗船場へ棄てて行ったということだった。

赤ん坊を背負うている女のためには、使役《しえき》が手を貸すことを許して欲しいという要求もあった。

その次に日僑収容所に飲料水が乏しくて、バケツを持った男女、子供が長い行列を作って、朝早くから桶の水を得んとて苦労しているのを見た。

その次に肺結核で動かせぬ重い患者がいるが、そういう人々の引き揚げはどうすべきか。

私に向かって、種々の注文を人々がするのであったが、私はただただ聞き流しにしておいて機会の来るのを待った。すると天津の日僑収容所長の顧問嘱託になって、数日の後、L少将が私が何も申し上げぬのに、何か日本人として請願することはないか、聞かぬかと問われたので、この機この時、逸すべからずとなして、

「一度、荷物検査場を視察願いたい」

とお頼みしたら、翌日詰襟の平服で視察して下さったので、日本人達は有難い有難いといって大喜びであった。そして赤ん坊を背負っているものは、使役の日本兵に荷物を運んでもらうことが許されたばかりか、検査はとても寛大になり、外国製の万年筆と時計の外はたいていパスすることとなった。

「その外に何の請願もないか」
とあったから水のことをお願いしたら、日本軍がかつて用いていた水をこす器械を接収解除して、白河の水を奇麗にこして飲めるようにして下さった。

肺病の方はちょうど、天津の衛生局長が昔なじみだったから、万事お願いすることができた。局長は満洲医学堂の卒業生で京都帝大とハーバード大学に留学して、日本でも米国でも博士の学位を得た人である。

どうしてそんな偉い医者を私が知っているか読者は不思議に思われようが、博士が満洲医学堂の学生だった頃、私は自宅に住み込みを許し、朝夕日本語を教え、私の学生時代の制服をお着せしたりしたことがあったのである。戦争中は福建病院の院長だったが、終戦と共に天津へ来任せられた。

とにかく引き揚げ前の私は愉快だった。知人の中国人がそれぞれ北京、天津の要路の位置にいたから。

（1）崇貞学園の新理事会を開ける時、宴会の菜単子（メモ）の中から、値段の高い燕の巣だのフカヒレを除いて、学校不花銭好《シュエシャオプホワチエンハオ》（学校は無駄使いしない方がよい）といったのがL少将である。

張大人の餞別

そうだ。ここでもう一つ書くべき挿話を思い出す。

いよいよ明日から結束（集結生活のこと）だという日の前日のことだった。私は最後の用足しをしてホテルへ帰ると一本の手紙が待ち受けていた。

手に取るなり封を切ったら、数行の白話文《はくわぶん》（口語体の文章）の手紙が出てきた。封筒にも中にも差出人の名前が書いてない。縦にしたり横にしたり首を振りつつ見たが、さっぱり見覚えのない文字である。

スタンプも押してないし、切手も貼ってないから使いの者が持ってきたに相違ない。そこでホテルの受付について聞いてみたが、どんな中国人が持ち来ったかさっぱり記憶がないとのことだった。

その白話文の意味は次の如くだった。

「貴君は今日の夕方五時、中原公司の前に行きなさい。そこに一人の髭を生やした老人が歩いている。その老人は貴君がそれと悟るまで、中原公司の前を行ったり来たり徘徊している。貴下は何も言わず黙って、その髭の老人の後をつけて歩きなさい」と書いてある。何と不思議な手紙ではないか。

私がその手紙を読んだのはすでに四時過ぎで、五時といえば時刻が迫っている。それでも行くか行くまいかと考えもし、ためらいもしたが、中国における最後の一夜でもあるし、好奇心は無限に湧いて来るし、とにかく行ってみることにした。

中原公司のショーウィンドーに立って、あれかこれか眼をきょろきょろさせていたが、どうもそれらしい老人が見つからない。そこでふと後ろを向いて店のショーウィンドーをちらと見ると、硝子にひょくり、髭の老顔が映っているではないか。すぐ「あの人」と感づいたから、私はその老人に近づいた。老人はのそりのそり中国人らしい歩調で歩いた。一体中国の靴は底が低いから、ゆっくり歩かぬと靴が脱げるのである。

老人は時々、後ろを向いて振り向くのみで何もいわぬ。私も黙々としてついて行った。フランス租界まで行くと小路の横丁へ入った。すると向うの方から新しい幌を有する三輪車がすうと走って来て私の前へ止まった。車夫が何とも言わぬから私はそれに乗るべきかどうか、口で問わずとも目の合図くらいあろうと思って、案内の髭の老人をさがしてみたが、もうそこらあたりに老人はいなかった。不思議な老人だと思ったが、私はその老人をさがそうとはせず、どっかの家へ入ったくらいに思って、ともかくもその三輪車に乗った。私がその三輪車に乗ると走る走る、ぐんぐん走って止まるところを知らない。私は幌の中にいるからどこをどう走っているのかさっぱり見当がつかなかった。

相当走ったと思う頃、三輪車は止まった。幌を除くと立派な洋館がずらりっと並んでいる。たぶん英租界か独逸租界であったろう。私が三輪車から降りると向うから、それもまた新しい自動車がすうと滑り走って来たかと思うと私の傍でちょんと止まった。ショーファー（お抱え運転手）は何も言わぬがドアをあけて私を見つめている。私の乗ってきた三輪車はもうすぐ走って行ったと見えそこらに見当らない。

私はともかく乗ると自動車は走る走る、少なくとも四、五十哩の速さで走る。どうも何度か同じ町をぐるぐる走っているかの如くであったが、半時間以上も走った後に一つの橋の上で止まった。ショーファがドアをあけたから下車した。私はとんでもないところに降ろされた。ここは一体どこだろうと思っていると、橋の向うから一人の阿媽《アーマー》さん（お手伝いさんの意）がにこにこ笑って歩いて来るではないか。私はその阿媽さんについて行くと、阿媽さんは大きな鉄門の前に止まった。門がすっとあいたから、私がその鉄門を通ると門番のボーイはすぐに急いで門を元通りに閉めた。中へ入って行くと小さい門があけられた。さすがにスーッと背骨のところに寒気を感じたが、とにかくも入って行くと焼き過ぎの煉瓦の家があって、そこのドアが開かれ、私は一つの応接間に通された。紅色の絨氈の敷き詰めた部屋だった。紅木のテーブル椅子がファニチュアーだった。数分待っていると出てきたのが、私の知人、張大人《ダーレン》（年長者を尊敬したときの呼称）であった。私は日支事変中、この人を種々なる場合お世話してあげたのであった。

彼は北支きっての実業家だった。事変中、日本の軍人と実業家は彼を煩わしぬいた。事変当初は彼の会社を乗っ取って軍経営にし、中頃は後方経済攪乱罪と称して、捕縛して拘留してしばり上げ、事変の終り頃はその資本を用いて軍用品の製造会社を経営せしめた。

私は事変当初はその会社を返してもらってやるため奮闘し、事変の中頃には身柄を憲兵隊へもらいに行ってやったりした。そして事変の終り頃には彼のぐるりは悪い、欲の深い日本人がうようよ寄りすがって、引っついていたから、私はもう時折しか逢う機会はなかったが、それでも彼は盆正月には必ず相当の贈物を私に届けることを忘れなかった。

張大人は香の高い葉巻をくゆらせながら、

「私の居所は家人も知らない。私は漢奸《かんかん》の疑いの中にいる。私があんたに頼むことがただ一つある。それはあなたが一日も早く、日本に帰ることだ」

「……」

「快々的回国去《クァイクァイディホェイグォチュイ》」（急いで帰国しなさい）の一点張りで他に何もいわない。

「乗船の順番を繰り上げて、早く帰るための運動費にお金がいるならばいくらでもあげる。いつ帰るか」

張大人はたたみかけて、私に一言も喋らせずここまで言った。そこで、

「明天走罷《ミンティエンゾウバ》」（明日帰ります）

と私は言った。私は何も張さんにいわれなくても明日は日僑集結所へ入る段取りにしていたのであるが、張さんがあまりに続けざまに喋るから、私が明日帰ることになっていることをゆっくり、説明することができないのであった。私が明日帰途に就くというと、

「明天走《ミンティエンゾウ》。好々《ハオハオ》」（明日帰る。それはよかった）

いって、張大人はポケットから新聞紙に包まれし一束のお金を私にくれた。

私がその紙包みを辞退するため、礼儀の言葉を語ろうとして立ち上がると、もうすでに張大人はすっと部屋を出て行き、それきり帰って来ない。てっきりトイレットにでも行かれたのであろうと思っていたがもうそれきり出て来なかった。

それきり張大人は出て来なかったが、御馳走がせんぐりせんぐり出されて、喉をつるっ

とすべり込むようなよい粉の饅頭や鶏肉、牛肉、豚肉、魚、テーブル一杯に中国料理が出された。しかしお給仕のボーイもコックもただ黙々として一言半句も喋らなかった。

私は新聞紙包みを返そうにも返そうと言うこともできず、ともかくもポケットに捻じ込んで、腹一杯御馳走を食って部屋を出た。すると小さい門が開き、続いて大きい鉄門も開かれ、外へ出ると例の阿媽さんが橋の上まで導いてくれる。橋の上には乗ってきた自動車が待っていてくれた。だまってそれに乗るとぐんぐん例の四、五十哩のスピードでもって走り、ぐるぐる大街を走って例の洋館立ち並ぶ町に止まる。するとそこへ三輪車がやって来る。それへだまって乗ると、幌が覆われる。その三輪車が例の横町の小路に止まる。そうすると髭の老人が出て来る。その老人が中原公司の前まで見送ってくれるのであった。

「まるで探偵小説だ」

私はその夜、今日の出来事を誰かに語らずにはいられぬ心持ちがしたから、ホテルに帰ってすぐIを訪れるために出かけることにした。私は兼ねてその夜、Iの家へ風呂に入れてもらいに行く約束をしていたからであったが、私にはお湯を浴びることよりも今日の出来事を喋ることの方が、より衝動を与えることだったのであった。

「先生、その新聞紙にはいくらあったんですか」

Ｉ君が問うて初めて、私は新聞紙をポケットから取り出した。手の切れるような新しい法幣だった。

「先生、五万円ありますよ、背広と靴が買えますよ」

Ｉは私のもらったお金を数えおわっていった。

「そうね、しかしもう今頃から買物もできまい」

「僕の知人で、洋服の新しいのを売りたがっているのがあるんですよ。まだ一度も手を通してないのですよ」

「どうしてせっかく作って売るんだろう」

「もう、乗船できると思ったら、少々延期せねばならぬ都合があるらしいのですよ。それがためお金がいるのでしょう」

「それでは、このお金で買って頂こうか。実は今日、僕は買物に行って、使い残ったお金が三千五百円あったから、三千五百円で買える背広はないかと捜し廻ったが見つからなかったんだ」

「それではちょうどよいではありませんか」

といって、Ｉ君は私を足から頭までじろじろ見た。

「先生よりも少々背が高いかな」

私はＩに伴われて出かけて行った。もう十時を過ぎていたが、Ｉの知人は牛鍋に向かって、ちびりちびり酒を飲んでいた。私はたらふく中国料理を頂いた後で肉にも酒にも興味はなかったが、時折箸をつつきながら、世間話に相槌を打った。なかなか背広服に話が進まなかったが、十二時が打ったので辞して帰ろうとすると、Ｉは背広のことを言い出した。

「服かね。ただでお上げしてもよいんだが、少々お金も持っていたいので」

と言って、スポーテッキスの縞のスーツを見せた。早速着てみたがパンツは少々長過ぎたが、コートは誂え向きだった。

「じゃ譲って頂きましょう」

といって値段を聞こうとすると
「先生、靴はどうです、いりませんか。僕は三足買ったんだが二足しか持てないという噂だから、これも棄てて行かねばならぬのですがね」

独逸「ボックス」の靴である。私は底を足の裏にあてて見たが、これまたちょうどよい品物である。

「じゃ服と靴、おまけして法幣の五万円で買って頂きましょうか」

私はＩと思わず顔を見合わせた。そしてポケットの新聞紙を取り出した。

「これで私のリュックの中にも、人並みに洋服と靴が詰め込まれることになりました。有難う」

私は碁を囲むと言い出したＩを残して、ひとりホテルに帰り、ベッドに横たわり大陸における不思議な、しかしすばらしい最後の一日を思い返し思い返しつつ楽しい眠りについたのであった。

命あって帰れる喜び

多くの人々は日僑収容所に短ければ半月、長ければ一ケ月も居らなければ順番が来なかったのであったが、私共は特に通訳としてＣ86隊（当時の陸軍にあった師団の略称）に編入して頂きＬＳＴ（米海軍の揚陸艦。復員船として使われた）に乗り込むことになったので、入所三日目すなわち三月十六日、溏沽《タンクー》出帆ときまった。その日は早朝起きて支度をして検査を受けた。敷布とか風呂敷とか毛布とかの上へ、リュックサックやトランクをぶちあけて、テーブルの一端に乗せると長いテーブルの両側に中国の兵士が立っている。その前を使役の日本兵がその敷布、毛布を滑らしてすうと動かせる。それが動いている間に、中国兵士が持ち帰ってならぬものはテーブルの下へ落とす。落ちたものはもう駄目なのである。それがすむと身体検査をされる。私の荷物からテーブルの下へ落ちたものは、虫眼鏡だけだった。ちっぽけな虫眼鏡で新聞や地図を見る習慣のある私には必需品ではあったが、それはいくらでも購える安いありふれし品物であるから、まあよかったと思った。

身体検査の折には、手袋をはめて万年筆と時計を握っていたから、それで二つながら通った。そんなにせんでも通るかも知れなかったが、私の時計はスイス製であるばかりでなく、三十年間も私の身から離れず、私に仕えてくれしものであるから、もしかして没収になりはせぬかと胸をどきどきさせながら、検査を受けたのであった。

天津から溏沽までは関所を通過せし後ではあるし、無蓋車でなく客車だったので皆喜んだ。特に赤ん坊を抱えた人々は命拾いしたといって喜んでいた。

汽車の中で聞ける話の中には、一生忘れ得ぬような話がいくつもあった。

「何万円と連銀票を持っているくせに、奥地から来た一文も持たない人にやらないのですよ。あの人は本当に馬鹿ですよ」

という話を聞いた。収容所で千円払っておけば内地へ上がると直ぐ、日本の千円もらえ

るという恩典があった。ところが奥地から来た一人の男に、

「あんた、千円は」

といって隊長が集金し歩いた、その奥地からの男は両手を広げて、

「これなんですよ」

といって、しょんぼりしていた。そこで何万円と連銀票を持っている男に、

「君、そんなにどっさりお金を持っていてもしようがないだろう。千円やり給え」

といったが、その男は、

「まだまだ、どんなことが起らないとも知れぬ。やられぬ」

といって、出そうとはせなかったそうな。

「その男はその連銀票の束を結局どうしましたかね」

「検査場に棄てて行きましたよ」

そういえば私も思い出すことがあった。検査場の便所へ行ったら、どっさり連銀票が投げ棄ててあるのを私も見た。小便壺に棄つるとも人にはやらないという手合いは、一人や二人ではなかったようだ。

同隊の人々の中には、十三個も柳行李やトランクを持っている男があった。自力で持ち

得る範囲という制限であって、半丁ほどの距離を実際に持ち運ばねばならなかった。十三個もどうして運んだかというに、梯子のちょうど真ん中に首をつっこんで、両肩に梯子の重荷を載っけて、梯子の前方、後方に六個ずつぶら釣り下げて行ったという。

「それではもう一個どうして運んだのですか」と問うたら、

「一個は頭の上に八瀬大原女《やせおはらめ》（京都の八瀬や大原で頭の上に薪などを乗せて行商した女性）の如くに載せていましたわ」

私はその男はなかなかウイットのある奴だと思った。こうした話で、汽車の中は実に賑やかだった。

桜美林物語

この本はむしろ、この章から筆を染めるべきだったかも知れぬ。
このページより以前は、このページより後のプロローグみたいなものである。

生くる望みを失う

昭和二十一年三月十五日、いよいよ私共はＬＳＴに乗り込んだ。私共が編入してもらった大隊はＣ86だった。大隊長は桜庭という『主婦之友』の記者等せしことある紳士だった。夫人とお子様を広島に残して、大陸に来ていられた由。アトム弾（原子爆弾）の日にひょっとすると夫人の実家の呉市へ行っていたかも知れないというのが、一縷の望みだった。隊長の心中を察してか、隊長をできるだけ煩わすまいとしている空気が、大隊中にただようていたようだった。

大隊は千六百名もの大家族であった。それが二千トンあるかなしかのＬＳＴに乗ったのであったから、それこそ文字通り立錐の余地もないほどぎっしりであった。私共一行五名に与えられたスペースは毛布一枚の広さだった。私共はサバやカレイを重ねたる如くに抱き合って横たわらねばならなかった。

窮屈だったばかりでなく、船底の鉄板の上にじかにごろ寝するのであったから、ずいぶん背骨が痛かった。それも初めの間はからからに乾いていたが、海水のため鉄板の船底が冷え、船の中の湿気が水滴に化し、敷いている毛布がびっしょり濡れてしまい実に弱った。それでも人々は皆、老いたるも若きもはしゃいで嬉々としていた。呆然としているものは一人もいなかった。

「帰ったら、何をするつもり」

「当分何もせぬつもりだ。麻雀でもして遊ぶよ」

「僕かね、僕も初め三ケ月は少なくとも温泉にでも浸って、情勢を見るつもりだ。万事それからだね」

などと言う会話が聞える。たぶん蒲団袋にいっぱい百円札を運んで、横浜正金銀行へ預金した人々であろう。日本へ帰ったら、それを返してもらって徒食しようという計画らしい。十万円が一万円には数えられなくっても、百万円が二万円や三万円に換算されるであろう。そのくらいに胸算用しても百万円近くなる等と夢見ていた連中である。

「帰ったら何をしよう」

私も御多分に洩れず、周囲から聞こえる会話に釣り込まれて考え出した。後から考えるとそんなことを考え出したことがいけなかった。実は私は日本へ引き揚げることを喜び、心自ら勇み立ち、帰ったらああいうことをやろう、こういうことをやろうと種々夢見あうほどの人々に法螺を吹いてきたにもかかわらず、いよいよ明日明後日、日本へ着くという段取りになるとこれからどうして生きて行こうか、いかにして再起再出発すべきか、私の頭はすでに櫛を要せざるに至り、妻の髪は霜に染まっている。果たして再起再出発できるか。それを思うと暗い暗い思いになり、息がつまるが如くに重苦しい心持ちにならざるを得ぬ。

「どっかの教会の牧師になろうか」

私は独語してみた。実は恥ずかしいことではあるが、これも話さねばわからぬことではあるが、実は私は先年日本へ帰っていたとき、ある三流どころの教会の牧師になろうと企てて、ひそかに親戚の老いた一般信徒を動かして運動してもらったことがあったが、まんまと断られてしまった。その頃は働き盛りの男であったのである。まして今日、六十近くなっている私を用いてくれる教会はおそらくあるまい。

「一層のこと故里へ帰ろうか」

故里といえばたとえ錦衣を着て帰らなくとも、尾羽打ち枯らしてリュック一つ負うて帰ったら親類の人々は皆心配するだろう。たとえ上野のガードの下で眠るとも故郷の方へは足は向けられぬ。

「中国語では飯は食えないか」

英語をこれくらい学んだのであったならなあ、思わず歎息した。

夜が来ると人々は皆よく眠った。長い間の大陸の不安生活から逃れえて、ほっとせるにやぐっすり眠っている。私ひとりはなかなか眠れぬ。

「どうして、先生はイライラしていらっしゃるのでしょう」

「いつものユーモアが、さっぱり先生の口から聞けないわね」

同伴の女学生達が囁いている。航海の第二日は始めの日ほどには考え込めなかった。たぶんそれは疲れていたからであったろう。その代わり三日目は深刻だった。ここまで白状する以上何もかも皆告白するが、実は私は海へ飛び込んでやろうかと思ったのであった。私という人間は何という俗物でしょう。私は自殺したと思われるのがいやで、あやまって落っこちたように見せかけようとしたのであった。

「俺はもう老い先長い余生を生きる気力を失った」

と家内に聞えるよう独語をいったら、家内は、

「本当だ、私も」

と言う。

「こんな時に聖書が読みたいなあ」

と言ったら、家内は、

「聖書ならありますよ」

といってポケット聖書を取り出した。

「なんだ、聖書持っていたのか」

「あんたはあの大きい旧新約をお持ちでしょう」

「あれは取り上げられたらしい」

私は旧新約を求めて、ボックスの革皮で表紙を作らせ金文字でもって姓名まで入れて持ち帰ったのであった。聖書と讃美歌だけは許されると聞いていたからであった。ところが検査場で取られたものと見え、リュックの中にもスーツケースの中にも入ってなかった。

私にはポケット聖書の活字が小さくって読めない。階段の上にかんかん輝いている電灯の光を求めて読んだ。ぱっと開いたところはコリント後書の第一章だった。

「兄弟よ、アジアにて遭いし患難を汝等の知らざるを好まず……力耐え難く生くる望みを失い心の裡に死を期するに至れり……神はかかる死より我等を救い給えり」

とある。なんとぴったり私の境遇に合っていること。私はこの聖句に慰めの神を拝みえた。

もう一句与えられんことを求めて、ひもとき開くと I said what shall I do Lord ? ……家内がかつて書き添えし英文が、ブランクに書かれているところの使徒行伝二二の一〇がひょっくり出た。「お前はダマスコへ行け、行ったら何を何すべきかわかる」とある。

私はこの章句を拝読して、神は私共が何をなすべきか、ちゃんと用意をして待っていらっしゃるに相違ない、という確信をつかみえた。

航海の第四日は、天津を船出せし以来の時化はかからりと薙ぎ去られ、大空も海原も全く同じ色に塗りかえられていた。甲板に出て冷たい風に吹かれていると海洋の顔を見るのが大好きだと言うレディーが上ってこられた。デッキに出ることは堅く禁じられていたから、よほど歎願せぬと出られなかった。その夫人もたぶん私同様、乗り込みの米兵に歎願されたのであろう。北京にも住んだことがあると言っていられたから、たぶん外交官の夫人であったろう。

「先生、畢生《ひっせい》の事業をお失いになり、定めし」

「奥様、過去のことは皆プロビデンス（神の意思）ですよ」

「よう、ござんすわね、クリスチャンの方ってあきらめがよくって。お帰りになって何をお始めあそばすおつもり」

私はぎくっとした。この夫人は私のアゴニー（苦悩のこと）を垣間見ていられたのではないか。デッキに上ってはもがいたり、祈ったりしていたのを見ていられたのかも知れぬ。

「奥様、何をすべきか、たぶん神様が先廻りして、用意をして待っていらっしゃいますでしょうよ」

「……」

「奥様、過去はみな摂理でしょう。未来は神への信頼ですわね。そうしたら現在はこの海のように心が平静になれるのではないでしょうか」

夫人も私も大海原を眺めている。ＬＳＴはしずしずと走り進み行った。

ああ祖国日本

三月十九日朝、私共は山口県仙崎港に着いた。三十年もの大陸生活であったから、いくどとなく往ったり還ったりしたが、仙崎港に着いたのは今回が初めてであった。何でも戦争当時、敷設した水雷《すいらい》がまだ残存しているかも知れぬので、関門海峡へは危なくって船を着け得ないのだそうな。

裏日本の海岸は風景絶佳である。私は乗っていた船が港へ入ると涙がぽろぽろこぼれてしょうがなかった。

「ああ祖国日本よ！」

思わずいくたびか、こう口の中で叫んでみた。こうした短い文句でなく、もっと続けて叫んでみたいと思ったが、これというよい文句が心に浮んで来ず、ただああ祖国日本よ！をくり返しつつ涙を呑んだ。

「国亡んで山河あり」

という言葉が後ろで聞えた。ふり向くとその声の主は老北京の一人である新聞記者だった。

「清水さん、このように美しい山河を我々に遺しくれし我々の祖先は偉かったと思いませんか」

「……」

「山の木を伐るたびに、必ず苗木を植えることを忘れなかったからね」

「本当にそうですね。植えないで伐ってばかりでいたら、大陸の山のようになったろうね」

上陸前のデッキの会話は実に朗らかだった。人々は皆祖国を目の前に眺めながら、何かしらはしゃいで喋り合っていた。船が港に入ってから上陸が許されるまでが、なかなか手間取った。私共が土の上を歩いたのはもうかれこれ昼過ぎだった。それからもう一度あると聞いていた荷物の検査があった。今度は中国兵でなく、米兵の手によって行われた。私共も天津における以上に緊張したことはしたのであったが、一品も失うこともなくＯＫ、ＯＫで通った。荷物の検査が済むとＤＤＴ（当時使われた殺虫剤）を下着の中へうんとこさと吹き込まれた。

「あんた方にまで、ＤＤＴを撒布するのは失礼ですけれども」

と言って挨拶する看護婦がいた。その看護婦は胸に掲げている私の姓名を見て、私の名を聞いているとも言われた。

「どう致しまして。どうもしらみが二三匹いるのではないかと思っていたところですが、うんとこさと吹き込んで下さい」

と言って笑った。天津で連銀票千円を支払った者には百円札を十枚ずつ頂けた。その勘定が案外手間取って、解散になったのは夕暮れ近かった。夕食のために実にでっかい玄米の握り飯が二つずつ配給になった。引揚援護院の事業の一つであった。私共は飲食店を見つけ、何かお菜を見つけて、お握りを頂くことにし、店を一軒々々見ながら町を歩いたが、ところてんを売る店とスルメを店頭に並べている店の他には飲食店は一軒もなく、ついに正明寺駅まで来てしまった。

「あったよ。鯛のあらいと刺身を売ってる」

一足先に歩いてる者が叫んだから、私共も小走りに辿り着いた。玄米のおにぎりもうまかったが、鯛の刺身もおいしかった。

「やっぱり、日本はよいね」

鯛のあらいもうまかったが、その代わり私共は正明寺から東京へ直通の汽車を乗りはずしてしまった。そして明日の朝まで汽車は出ないんだそうな。さあ大変だ、宿を取らねばならない。旅館という旅館、皆満員である。無料宿泊所に当てられているお寺も超満員だと言う。お巡りさんに相談したら、旅館でなくてもよいから、どの民家でもよい、頼んでごらんなさいと言う。私は町角の荒物屋に飛び込み、

「今晩は、もしや一晩泊めて頂くことはできないでしょうか」

とすでに閉められた戸のくぐり戸を少々あけて叫んでみた。すると白髪の老婆が、腰を曲げて奥から出てきて、

「蒲団がないが、よかったらお泊まり下さい」

「泊めて下さいますってか、有難う」

「ご苦労だったね。もうここは日本ですから安心してお休み、さあお熱いお茶を一杯」

私共は上陸後まず、あたたかい親切を味わえた。あまり嬉しかったので持ち帰ったお砂糖を出して、封筒にいっぱい差し上げたら、

「長い間見なかった貴重なものだ」

といって、畳の上にこぼれた砂糖を指に唾つけて嘗めていた。翌朝、私共は下関に出た。あそこでも例の握り飯を二つ頂戴した。下関の駅で急行を捉まえることはとうてい至難であることを知り得るまでには一日を要した。何しろ大きいリュックサックを背負っていたから、満員列車には乗り得ない。荷物さえなかったら、窓から乗ることもできたのであったが、リュックサックを棄てる訳には行かない。


そこで下関始発のローカルカー（各駅停車）に乗ることにし、柳津行の汽車にやっと乗ったところ、山口県と広島県の県境に到った頃、一里足らずの距離の徒歩連絡にぶっつかった。天津の検査場で自力で持てるだけ持つことを許すと言うのだったから、私も家内もこれ以上一貫目（三・七五kg）は愚か百匁（一匁は三・七五g）も持てぬというほど荷物を持っていたから、あの

時の徒歩連絡ばかりは今から考えてもぞっとせざるを得ぬ。ここまで持ち帰ったのだもの、一品たりとも捨てることはできぬ。しかも夜半の徒歩連絡だった。私は家内の荷物を助けたから実に重かった。レールの枕木を踏み歩くのだった。大きくない川ではあったが、ごうごう流れる川の上のレールを渡る時は足がひょろひょろして震えてならなかった。二度転んだが土堤の上だったからよかったものの、川の上だったら溺れていたであろう。

二十日の夜十時頃、やっと広島まで来た。駅の構内で幾本かの列車を見送ったが、そのあい間に原子爆弾に吹き飛ばされた広島の廃墟を歩いてきた。一軒の家も建っていなかった。ただ駅の前にいくつもというよりも幾十台というべきほどにたくさんのおでん屋の屋台車が並んでいるのみだった。私共も貰い千円ではあるが、おでん、焼鳥、甘酒など飲み食いに費やした。たぶん何もかも失った人々が、露天商から再起しようと考えて、おでん屋を始めたのであろうと思ったから、慈善鍋へレプタ（聖書に出てくる通貨の単位）を投げ込むような心持ちで食った。しかしおでんも焼鳥も甘酒も実にうまかった。

「広島のおでんはうまかったね」

私共は時折、引き揚げ旅行の道中談を家庭の会話に上らせるが、正明寺駅前の鯛の刺身のことは滅多に話題にならぬが、広島のおでんのことはきっと話に出てくる。なぜ「広島のおでんはうまかったね」と言うんだろう。それはたぶん私共は無意識に、「広島の人々のことを思ったら、何でもないことだった」と言うところを「広島のおでんはうまかったね」と言うているのではあるまいか。

大阪の駅でもおにぎりを貰った。女学生達が熱いお湯を汲んでくれた。その日はよほど寒かったと見える。駅員がプラットホームで木箱をくだいて、燃してくれたことを覚えている。

大阪から東京までは腰掛けて、車窓の風景を観ることができた。早咲きの山桜であろう。草ぶきの家々のまわりが、白く飾られている。久し振りに見る日本であるから、見ても見てもあきない。

「こんなに道路も鉄道も敷設されている。立派な国土なのだから、もっと慎重に軍人達がやっていてくれたら、日本は本当に恵まれた国だったのに惜しいことしたものだね」

私共は車窓を眺めながら、幾度も幾度も同じ歎息を洩らした。

焼原に祈る

　昭和二十一年三月二十二日早朝五時半、私共は東京に着いた。東京の町に入ると汽車は高架軌道の上を走るから、一望焼原となれる東京が、見ざらんと欲しても車窓に映る。不燃焼のビルディングだけが残っている。ただし皆天井が抜けているから、まるでギリシャ、ローマの古都を見るが如くである。終戦からすでに半年を過ぎているのに後片付けも掃除もせずまるで廃墟である。錆びたる鉄屑が到るところに散乱している。

　東京駅から、背にはリュック、右手にはスーツケース、左手にはボストンバッグ、一目見て誰でも引揚者だと知れる姿のままで神田に向かった。途中、私共は焼跡に荷物をおろして、鉄屑の中で一服した。一服といったところで煙草を飲みしわけでもなく、また休憩するつもりでもなく、私共は思わず焼原に立って祈りたくなったからだった。

「神よ、日本を再び建てるために私共をお用い下さい。神もし用い給うならば、私共は中国ですりへらした残滓のような体ではありますが、身を粉にして働きます」

涙を両頰にぽろぽろ伝えながら、家内は長い長いお祈りをした。神田橋まで来てＹＭＣ

Aのビルディングも赤煉瓦の日本基督教団の白い建物も焼け残っているのを知った。私共はＹＭＣＡが残っていたらあすこのホステルに泊まろうと想い想い来たのであるから、実に嬉しかった。ＹＭＣＡに入ろうとすると米兵の歩哨が立っていたので、

「ハロー、ボーイ。グッドモーニング」

といったら、向うもハローと答えたので、よい気になって、ＹＭのロビンの皮のソファにどっかり掛け、荷物をおろしてやれやれだと言ってぐるりを見まわしたら、手に箒を持てる女給らしい娘がやって来て、

「あの、ここは米国の婦人の宿舎になっているのですけど」

と言って、困ったような顔をしている。なるほど神田会館（KANDA KAIKAN）と書いてある。

さあこれから、どこに行くべきか困った、困った。本当に困ったのであった。

「ともかくこのあたりの旅館に落ち着くことにしよう」

というので、私共は神田の旅館を一軒々々訪れたが、

「引揚者の方はね」

というのすらあったが、むしろそうあからさまにいわれるのが、かえって気持ちよかっ

た。たいていの旅館では、

「今部屋がみんな、ふさがっているのですけど」

と、ていよく断られた。

「どうしよう。幾軒訪れても同じだよ。泊めてくれはせぬよ」

「たぶん、朝鮮やら台湾から先に引き揚げた人々が、一晩だけといって長滞留して立ち退かぬのでしょうよ」

「まあもう一軒、訪れてみようではないか」

そういって、行ったのが第八軒目の旅館昇竜館だった。中央大学の正門前の小さい神社八幡宮の前にある大きな旅館だった。

朝のこととて、表を掃いている番頭がいたから、泊めてもらいたいと哀願せんばかりに頼んでみたが、

「部屋は空いてはいるが、関西から映画俳優の一団が撮影に来るから、空けておかねばなりませんからね」

といって、なかなか応じてくれそうにもない。私共が断られながらも動かず、なおも歎願していると、玄関を拭いている女中が、

「番頭さん、一晩だけならお泊めしてもいいでしょう」

と言ってくれた。その女中の同情でようやく靴を脱いで上がることが許された。これは後でわかったことであったが、その女中には奉天にいるまだ消息不明の兄さんが二人もいるのであった。たぶんその兄の身の上を思う心が、私共への同情とはなったのであろう。

女中さんが、

「お米をお持ちですか。持っていらっしゃいましたら、朝飯を食って頂きますけど」

と問うたから私共は、北京から持ち帰ったお米を取り出して女中さんに手渡した。

「やっぱり、重くあったが米を持って帰ってよかったね」

「靴をもう一足持とうか、それとも米を一升持とうかいって、迷ったことを思い出すね」

「寒いね。火鉢《ひばち》はあるが火はないね」

「女中さん、火を少々下さいませんか？」

廊下を十能《じゅうのう》（炭や灰を運ぶスコップ状の道具）に炭火を山盛りに運んでいる女中さんが、私共が火の無い火鉢のことを言っていると通り過ぎたから、大きい声で頼んでみた。

「木炭をお持ちでしょうか」

「いいえ」

「それではお出しできませんわ」

「日本では旅に米ばかりでなく、木炭を持ち歩くことになっているのでしょうか」

「そうですとも」

私共は一片の木炭も持ち帰りはしなかったから、どうにもしようがない。新聞紙を小さく丸く、堅く固めて、火鉢の中で燃やしたら、煙で部屋がもやもやしたことはしたが、ようやく手をかざしてあぶることができた。

朝飯をすまして、すぐ外出の支度をした。そして、

「今日一日中にどうしても家を捜さねばならぬ。家がなければ四畳半一室でも見つけねばならならぬ。さあ一言、お祈りをしよう。奇蹟的な幸運に廻りあわねば、とうてい難しいことだからね」

私共は祈りつつ宿を出た。その日は寒い雨降りの日だったが、私共は傘を持って帰らなかった。

じとじと降る雨の中を私共は出かけた。外套がすぐびしょびしょに濡れて、重くなったがしようがない。この日一日、私は雨の東京をこれという目当てもなく歩き廻った。

まず第一番に下落合の姉を訪れた。姉の家は残っていたが、姉は郷里の近江へ疎開して

居なかった。これは姉の家に住んでいる人に聞いてわかったのであったが、姉は家を売っていったんだそうな。焼けないうちに処分しようと考えたのであろう。すっかりあてがはずれてがっかりしたが、勇を鼓して、目白駅から数丁のところに、小林先生(1)が住んでおられたことを思い出し、行ってみることにした。とぼとぼ歩いていると発疹《はっしん》チフスがこのあたりに出たものか、一人の米兵の指導の下に活動している青年達に呼び止められて、首筋から背中へ腹からパンツの中へ殺虫粉をうんとこさと吹きこまれた。仙崎の港でＤＤＴの洗礼を一度受けているのに数日を出ずして再び吹き込まれ、笑うに笑われず泣くに泣けずという感なきを得なかった。何しろ目印にしていた店もポストも失せているものであるから、迷子になってしまった。どうにか小林邸らしいものにたどり着けたことは着けたが、邸はただ石の門とコンクリートの土塀のほかには何も残されていなかった。

焼けなかった家は売られているし、やっとたどり着けば門と塀だけしかない。もうすでに二時、三時頃である。腹がへった。何か食おうと思うがスルメと甘酒しか売ってない。しようがないからスルメを噛み噛み、三鷹の太田氏を頼っていこうと考えた。

先年、太田先生(2)の家に泊めて頂いたことがある。その時は何も泊めてもらわんければ泊まるホテルがない訳ではなかった。常宿のＹＭのホステルに一室を有しておりながら、ぜひとも泊まれというので、泊めて頂いたのであった。その泊めて頂いた部屋は一室の離れ座敷で、実に静かな部屋だった。私はその部屋をお借りしようともくろんで三鷹へ行ったが、番地も忘れてしまい、さっぱり見当がつかなかった。

「もしこのあたりにエアデールの犬を飼っている家はないでしょうか」

「もしこのあたりに門に松の老木の茂っている家はございますまいか」

お巡りさんにも組長さんにもきいたが、わからなかった。何しろ北京を引き揚げるとき一冊のノートすらも持つことが許されなかったので、友人のアドレスを調べようにもどうにもならぬ。本当に引揚者ほどに世に憐れな身の上があろうか。しみじみ自らが悲しくなった。

これもずっと後でわかったことであるが、太田先生の邸宅は三鷹でなく久我山だったのである。道理で三鷹を二時間ばかり歩き廻ったが、たどり着けなかった。

この日、私の足には靴豆ができた。私は跛足を曳きつつ、夕方、神田の昇龍館へ帰ったのであった。まだ家内は帰っていなかった。

畳の上にごろり仰臥して新聞を読んでいると家内が帰ってきた。私は顔を見るなり、

「部屋はあったかね」

「ありましたよ。でも私一人ならというのでした。どうしましょうね」

「そうか。俺は行けないのだね」

「そう」

女高師（女子高等師範学校）の先輩、山崎女史の邸に三畳のスモーキングルームがあって、それを貸して下さると言うのである。しかし二人は困る。家内だけなら泊めてやろうというのだそうだ。

「どうしましょうね。スモーキングルームの板間ですがね」

「煙草をのまんからといって、スモーキングルームに住めないという訳はあるまい。お借りしたらよかろう」

「じゃ、あなたはどこに住みますか」

「僕か、僕は東京に部屋が見つからなかったら、田舎へ帰るよ」

「じゃ、私は明日からそのスモーキングルームに移りますよ」

「よかろう。僕は明日もう一日、家捜しをするよ」

家内は安心したものか、ろくろく祈りもせず床にもぐり込み横になった。私は讃美歌でも開いて読もうとてひもとくと、五〇六番のところが開かれた。この讃美歌は亡妻が臨終で歌い歌いしつつ逝きし、わが家にとっては由緒ある歌である。

私は小さい、細い声を口の中に響かせつつ唱ったのであるが、唱う中にしみじみ手応えのある何物かを感じた。

「Take no thonght for the morrow（「馬太伝」六の三四）だ。さあ我が輩は寝るぞ」

その夜はいつもよりも、少々長い黙祷をベッドの上で捧げて後、眠ったことを覚えている。

（1）小林鉄太郎氏は元秋田県選出代議士。華北鉄路医院の校長たりし人。
（2）太田先生は支那通、太田宇之助氏。

差し出されたる愛の手

翌朝、私共は約束通り昇龍館を立った。やっぱり背にはリュック、右手にはスーツケース、左手にボストンバッグの出で立ちで、家内は大塚窪町の先輩のお屋敷を目指して、私は行くところを知らずして宿を出た。駿河台の坂を下って神保町に出た。

「あんたはどこに行くつもり」

「僕か、僕はこれという目当てもないが、じゃ僕も神保町から白山行に乗って、小日向台町に行くとしよう。あそこに岩崎邸(1)があった。一度泊めて頂いたことがあるから行ってみよう」

神保町から電車に乗って、電車が一丁半丁も動いたか動かぬ時、家内は、

「あら、美子さんのお店が残っていますよ」

と言って、車窓の外を指した。私は、

「どれだどれだ。あれか、僕はここで電車を降りて、美子さんのお店を訪れるよ」

私は電車から飛び降りるが如く下車して、神保町一丁目の林彰文堂の店頭に立った。家内も下車して私に随《つ》いて来た。美子さんというのは北京の私共の崇貞学園へ、わざわざ東京から留学し来りし娘で、神田の古本屋のおいとさん（お嬢さん）である。

林彰文堂の店頭で私はちょっと立ち止まり、家内を振り向いて、

「おい、もし林さんがよかったらうちに逗留なさってはと、おあいそにでも口に出されたら、僕は何分それではははなはだ厚顔《あつか》ましいですが、宜しくお願いしますというから、お前は黙っとれ、邪魔したらいかんぞ」

堅くたしなめて、お店の戸を開き、

「こんちは」

まず声をかけた。

「まあまあ清水先生、御無事にお引き揚げあそばしましたか。美子、清水先生と太々《たいたい》よ」

太々というのは支那語でミセスという意味である。林夫人は美子さんの口うつしで、家内のことを太々と呼ばれるのである。

「先生、崇貞はどうなりましたか」

「去年（昭和二十年）の十一月八日に北京市政府の接収員が午前九時に来られてね、私共はもう午後四時には学園を立ち去らねばなりませんでしたよ」

大きい豆粒のような涙が、美子さんの大きい眼からぽろぽろとこぼれるのを私は見失わなかった。

「先生、それではこれからどちらへ」

「家内は大塚窪町の大きいお屋敷の中の、小さいスモーキングルームを貸して頂くことになりましてね、これからそこへ移るのです」

「先生は」

「僕ですか。僕は犬です」

「……」

「犬も歩けば棒に当るというから、これから歩くのです」

「では先生、私共の家に御逗留あそばしては」

私はその古本屋のお店を首を廻らして見、このお店のどこに泊めて頂けるような部屋があるかしらあというような風な顔をしたら、

「私共は片瀬に一軒家を持っているのですわ。どうでしょう。そこへ美子をおつれあそばして、当分御逗留あそばせ。美子の作るものを食べて頂けば、先生も心置きなくいて頂けましょうから。ね、美子、そうしなさい」

林夫人は生粋の下町の江戸っ子である。私はこの林夫人の親切なお言葉が終るや否や、

「それでは厚顔の至りですが、しばらく滞在させて頂きましょう。なにとぞ……」

家内が何か、遠慮申し上げるような言葉でもって遮りそうであったが、私は目と手で制して間髪も入れず渡りに船だ。船に乗ってしまった。

「御親切、有難う。あたり前ならば一言や二言葉くらいは辞退するのが礼儀作法でありましょうが、そんなうまい話はどこをどう探してもありますまい。もうこうなったら遠慮

申し上げません。では御厄介になることにしましょう」

「では僕は、片瀬江の島に行く。あんたは大塚窪町のスモーキングルームにお行きなさい。板間であるそうだがしばらくだ、辛抱しなさい。時々あんたも来るがよいぞ。ね、美子さん、太々が時折やって来てもいいでしょう」

昨夜といえば数時間前のことである。今日片瀬に宿を見つけ得ることが、昨夜わかっていたのだったら、何もああまで心配せんでもよかったのに。人間というものは明日の日記は一ページだって読みとおせないものである。

家内はお茶を頂いて、大塚窪町へ出かけて行った。私は荷物を預けおいて、錦町の朝風呂へ行った。

東京の朝風呂ほどよいものはない。熱い。私が入れないで閉口していると背中いっぱい入墨せる老人が水をどっと流して、

「ここへお入り」

といってくれた。ゆでダコになって、私が風呂屋から出てYMCAの前まで来ると、ひょっこり賀川豊彦《かがわとよひこ》（大正・昭和時代に活躍したキリスト教の社会運動家）先生に出会った。

「やあ、いつ帰ってきたかね」

「十九日に仙崎に着いたんです。何もかも皆失いました。あなたが去年の正月に泊まって下さったあの家も」

「でも命を持って帰ってよかったではないか」

「本当にそうですよ」

「君は一体、これから何をするつもり」

「僕は農村に入りたいのです。農村に学校と教会とを建てたいのです」

「よかろう。まあ、僕のオフィスに行こう」

賀川先生のオフィスはYMの前の日本基督教団の四階目にある。ちょうど来ておられた同氏秘書、小川清澄君と三人で共に祈った。

「僕は君に大きな建物を紹介する。それは学校にちょうどよい建物だそうな。行って見たまえ。その代わりに一つ条件がある。それは君は決して人の批評と攻撃とをしないこと、それを守ってくれるならば僕は紹介する」

「馬太伝七章の一節を実行するのですね。はい、承知しました」

三人は首を垂れて祈った。その日の祈りこそはわが桜美林学園の誕生であった。桜美林学園はその日の祈りから出発されたのであった。

「では、明日の朝、東神奈川駅で落ち合い、その建物を見に行こう」

というのが小川君との約束だった。私は神保町の林彰文堂へ風呂でぬれし手拭いを携えて帰り、その日は片瀬へ行くことにした。神田駅に至り、東京駅で横須賀行に乗り換えた。鎌倉で下車、江の電に乗って片瀬へ行った。家は松林の中にあって、お風呂もあれば気持ちのよいお家だったが、それよりも何よりも、さすがに本屋の別宅だけに、あらゆる種類の書籍がぎっしりつまっていることだった。書籍の中に住んでいることはまるで蟻が砂糖桶の中に住んでいるが如きものである。

その上に油の蓄えがあって、おいしいテンプラも頂ける。また漁夫に知り合いがあるとかで取れたての魚も膳に上る。連絡が農家にもあるとかで、腹いっぱいご飯を戴ける。その上に彰文堂主人は毎月私のポケットマネーだと称して、五百円をこっそり下さった。

私は片瀬に三月二十三日から六月二日まで、逗留させていただいた。この二ケ月、私は心も体も極端に酷使したのであった。時折、もう首も手も腰も動かなくなると藤沢であん摩にかかったが、あん摩さんが、

「あんまり心身を酷使しすぎる」

といって忠告したものだ。何しろ桜美林学園が生みの苦しみを日々にしている時である

から、私共は働いて働いて働きぬいたのであったが、よくこの間私が活動に耐え得たのは片瀬で何を食い、何を着ることに少しも心を用いる必要なく、腹いっぱい御馳走を食わして頂き、起きればちゃんと洗った靴下、アイロンのかけたワイシャツ、折目正しいパンツを枕頭に置かれ、外に出でんとせば黒く光った靴をちゃんとお玄関にそろえて置きくれし美子さん一家の行き届いた世話があったればこそ、それができたのであった。

私は桜美林学園を設立してから後も、片瀬から藤沢に出で、藤沢から原町田に出で、毎日通勤させて頂いたのであった。

そして六月二日に桜美林学園へ移り住んだ。その時に私は腰折《こしおれ》一首を遺して、林別宅を辞したことを覚えている。

のこし行く　杉戸に松を写さねど　とわに忘れじ君がなさけを

それから俳句も一句書き添えておいた。

春風を帆一ぱいに船出かな

この俳句の方は桜美林学園創立の日の朝、学園に向かう江の電の車中で作りし一句であった。引揚者は戦災者よりもひどい目に逢ったのである。戦災者は家は焼けても土地はある。埋めておきし皿や茶碗はあろう。疎開先には若干の衣類もあるに相違ない。しかし引揚者には本当に何もないといったら、何もないのである。けれどもかくの如き引揚者であっても、もしそこに一人の心からなる同情者があったなら、引揚者といえども再び立ち上がることができるであろう。

（1）故岩崎清七翁、元東京瓦斯会社、磐城セメント社長。

桜美林学園設立

昭和二十一年三月十四日、私共は東神奈川駅で落ち合い、片倉組の秘書の酒井氏、賀川先生の秘書小川氏、相携えて横浜線に乗り淵野辺駅に下車した。淵野辺には戦争中に建設されし造兵廠《ぞうへいしょう》のあるところである。造兵廠は省線《しょうせん》の淵野辺、相模原、橋本の三駅にまたがる大工場である。

陸軍は相模原に一大都市を建設する計画を立てていた。座間には士官学校、大野には軍病院を置き、淵野辺には小倉製鋼会社を建てさせ、相模原の平地森林の中を縦横に走る街路を作って、諸所《しょしょ》の町角にロータリーを設けて、着々計画を進めつつあった。もしかして戦争がもう二、三年でも続いていたらこのあたりは独逸《ドイツ》のクルップ、米国のデトロイトになっていたであろう。

造兵廠の煙突から黒煙が天空を黒くし、小倉製鋼のかまどが火を吹いて、夜の大空をまっ赤に染めていた頃は淵野辺の町には深夜といえども、がやがやと男女の町を通る足音が絶えなかったそうな。

幸か不幸か私が訪れし淵野辺はそういう賑かな淵野辺ではなかった。さしもの広大な造兵廠は今はすでに廃墟そのもので、省線電車の中から見ゆる工場という工場は、硝子は破れ、壁は落ち、煙突は折れ、土塀は半壊というざまだった。平地林の中に十間（一間は約一・八m）、二十間の大道路をコンクリートで築いたはよいが、道路の傍には畑の中、林の奥に戦車、砲車が雨ざらしに、はずせるものは皆はずし取られて、放り出されている。車輛の一つなのもあれば筒の折れたる砲もある。何という惨たる残骸であろう。

淵野辺の街路は泥濘、ぬかるみのままに放り出されている。靴が泥の中に埋まって、文字通りに抜きさしできない。

淵野辺はわずか一万の人口の町ではあるが、二十七県出身の人々が住んでいるそうである。この町に造兵廠ができたころ、全国からこの町を目指して集まったからである。そして終戦後はそれらの人々は一人去り二人去りゆくのであって、今ごろこの町を目指して移って来るものは誰もいないはずである。

それだに私共は今頃この町へ新たに学校を建て、事業を興そうとて乗り込むのであるから、考えてみれば普通の人々と全然逆コースを行くわけである。

私は淵野辺に下るやいなや、自分が世の逆コースを生きる者であることをピンと感じた。しかも戦争中これらの雄大なる工場がさかんに活動せるときにすら、誰一人このあたりに建てようとしなかった学校を敗戦後の今日この町に建てようという自分の志を思うて、私は自らながら一大インスピレーションを感ぜざるを得なかった。

私共はそうした印象と感想を得つつ、黙々として片倉の酒井庶務課長の後について、片倉組所有にかかる忠生の寄宿舎にたどりついた。この寄宿舎こそは現在、桜美林学園の校舎となれるものである。

「何という、ひどいあばら屋だろう」

これは家内が最初に叫んだ言葉だった。硝子が壊れているくらいならば嵌めればよいのだが、硝子ばかりでなく、戸がない、枠がない。中へ入って見ると畳という畳は皆失われている。十五畳の部屋が八十室あるのであるから、一千二百枚の畳があったはずである。それが一枚もない。

一時、進駐軍がこの建物を使っていたそうで、進駐軍は畳を山積みにして火を着け燃やしているのを見て、もったいないと考え村の人々が皆もらい受け、持ち帰ったものだそうな。

畳の下に横たわる床板は松の板か何かで隙だらけで、歩くとペキペキ折れてしまう。部屋ごとに押入や引出しがあるが誰が持ち去ったものかありゃしない。

「外せるものは皆外して持って行ったらしいね」

千人も並んで一緒に食えるような広い食堂がある。その食堂に重いごつい、七、八寸（一寸は約３cm）もの厚味のある板で造ったテーブルが転んでいる。

「このテーブルはどうしたのであろう」

「このテーブルは重いから、残っているのであるが、持ち運びのできるものは机、本箱、ストーブ、椅子、何でもかんでも皆持ち運んだものらしい」

「まるで掠奪ですね」

「牛車を引いて運び去ったという噂もありますね」

私はそんな話を聞かされても、少しも驚きも歎きもしなかったが一行の人々は皆、憤慨したり色々していた。私は長い間中国にいたのであるから、掠奪なんていうものは何も珍しいものではなかった。

「どうするかね清水君、こんなに荒れていては学校にできまい」

「いや、けっこう学校になります」

これは一通り、建物を見分して後の小川先生と私との会話であった。私は五棟から成る百二十室の部屋にはところどころに硝子窓が枠そのまま残されている。それを集めれば一棟くらいはどうにか完全にそろうであろう。畳はないが村の人々に訴えれば十人やそこらの先生方が用いるだけは返してもらえよう。机も椅子もぽつぽつ返してもくれようし、やってやれぬことはあるまいと思った。

「この建物が掠奪されないで、完全に保存されていたらね」

と誰かがいわれたから私はいった。

「それも神の摂理というものですよ。これが保存されていなかったから、私共に貸してもらえるのです。これが完全に保存されていたら、とうに人々が目をつけたでしょうよ」

建物は荒れ果てていて見る影もなかったが、景色は実に美しかった。建物は老松の森に包まれている。建物と建物との間にはまさにほころびんとする桜が幾百株ともなく植わっている。萱葺の農家が杉の森竹藪の間に黙々と散在している。

特に長い間中国にいた私共の目には、絵の如くに美しく映るのだった。

「美しい景色だね。僕はこの地が気に入った」

といって二階の縁側の廊間にたたずんで、眼を遠く眺めると相模連山のはるか彼方に富士山がほんの頂だけではあるが、白扇を倒に見せている。

「富士山が見えるぞ」

「どこによ」

「そらあそこに」

「何とかわいい小さい富士山ね」

「背伸びして相模連山の峰間から、こちらを覗いているようだね」

私共は建物はおいおいに修繕もできよう。また建て直すこともできよう。しかしこの風景この教育の環境は人工では得られぬところであるから、本当によいところが与えられたものだと思った。

「よし、ここに学園を建てることに決めた」

私共はそう腹を決めて、私は片瀬へ、家内は大塚窪町へおのおの相分かれて帰ることにした。

すべては神の摂理

日本の土を踏んでからまだ一週間を出でざるに、東京に着いてやっと三日目だのに、建坪一千六百坪もある建物が借りられようとは、これが神の仕業でなくて何であろう。四畳半一室索《もと》めるのに一ケ月二ケ月、知人友人を駈けずり廻ってさえむずかしい今日の世の中に、十五畳の部屋を一二〇室も得られようとは、これが奇蹟でなくて何を奇蹟と言い得よう。

さあ校舎はできた。次は金だ。幸い私共はお金を持っていた。天津で一千元ずつ納め、仙崎で日本の百円札十枚を頂いたので、私共二人は二千円を持っていた。もっとも汽車の中や神田の旅館で費やしたから、実際は二人の懐中合わせて一千八百円に足らなかったが、まあ二千円あるという気持ちでいたから、その二千円が、学校設立の最初の元手であったことに間違いない。

そのお金で電車の切符を買って淵野辺に来たり、罫紙を求めて都庁の教育局へ学校設立の届書を作ったりしたのであった。しかし二千円くらいのお金は日一日と減っていく。私のがま口は林彰文堂の主人がポケットマネーとして月々そっと下さったから、一千円がふえたり減ったりしたのであるが、家内の財布は減る一方であって、プラスのない生計であった。

私達はその引揚者手渡しの一千円を相当長い間、ちびりちびりと学園創立の事務費に当てえた。ちょうどそれが悉くなくなり、最後の十円札を用いねばならぬ日、幸いに第一信託会社の預金が出せるようになった。先年、私は『朝陽門外』という私の自叙伝の如きものを大阪朝日新聞社から出版したことがある。およそ十万部ほども売れた本である。『朝陽門外』の出版よりも少しく前に改造社から『姑娘《クーニャン》の父母』という本を出した。それは私の事業が生みし幾つかのエピソードを集めしものであった。それも何万冊か売れた。この二種の書物の印税は為替管理法のために北京から取り寄せ難く、東京の第一信託に預金してあった。その印税の外にわかもと（製薬会社の名称）の長尾欽《マ》彌《マ》氏からの寄付金もまだ取り寄せてなかった。それらのお金が十二万円ほどあった。

私共はそのお金を引き出して、学園を建設することを得た。囲碁を見ていると碁盤の隅のところどころに石を打つが、囲碁が進むにしたがって、その一石あるために死ぬる石も生くることがしばしばある。私共の東京に残しておいた預金がよもや、引き揚げ来りし今日、東日本で学園を創立するために、なくてはならぬお金になろうとは夢にも思わぬところだった。

私はそのお金を用いて故郷に帰り、帰去来の庵を構えて悠々自適の余生を過ごそうかと、思う心が時折したのであるが、そのお金は『朝陽門外』の序文にも『姑娘の父母』の巻頭文にも一文も残らず献げると書いていたではないかという、良心の声に逆らい難く、ついに自己のために用いぬことにしたのであった。

校舎もできた。資金も当分はある。次は設立認可だ。私共は文部省へ行って届書の書式と手続きをお尋ねした。罫紙を二百枚ばかり買い入れ家内も片瀬の宿へ来て、二人で届書を書くことにした。一体何という学校にしようか。崇貞学園と名づけたいのは山々ではあるが、接収されし北京朝陽門外の崇貞学園と何らかの関係があるものとされて、賠償金の取り立てがここまでやって来ては困るから、崇貞学園とは呼ぶまい。

私共は米国オハイオ州オベリン大学の出身であるし、ジャン＝フレデリック・オベリンの名を用いて、オベリン学園としてはどうであろう。

フレデリック・オベリンは普仏戦争の直後、戦禍の中心地だった故郷アルザスに帰って、学校を建て教会を設け、一国の復興は農村の再建より、というスローガンを掲げし人物であった。オハイオ州のオベリン大学も彼の名を取って校名とし、オハイオの田舎に打ち建てられし学園である。

「オベリン学園がよかろう」

私は北京に在りし頃、かつてメンソレータムを売って学園の資金を得しことがあったが、そのメンソレータムを中国語の発音でもって、「面速力達母」と音訳して、売り拡めた。その経験をもって私共はオベリンを桜美林と漢字にあてはめた。

あたかも借り受けし片倉の寄宿舎には桜樹が幾十本と植わっていたので、桜美林という名称はオベリン（Oberlin）という横文字の名称を抜きにしてもよい名称であると考えた。

私共がこの名称を決定して、その頃はまだただ一人しか東京にいられなかった宣教師ミセス・タッピングに申し上げたら、非常にお喜びになって、先年、欧洲漫遊の途次アルザスのオベリンの史跡を訪れて購い来られしフレデリック・オベリンの石膏像を私共に贈り

与え、

「フレデリック・オベリンの精神、戦争後の日本に最も必要です」

といってこの名称を付けしことを喜ばれた。最も喜ばれし人は校舎を得るまでに奔走、尽力せられし小川清澄氏だった。同君はオハイオ州のオベリン大学の卒業生であるから。

「校名はきまった」

これからは学則の制定である。すべての事業は出発が大事である。「よき出発は半ば成功である」という諺さえある。

私共は男女共学の中等学校として学則を作り当局にご相談申し上げた。しかしたんだ一年ではあったが、私共の考えは尚早だった。願いは許されず、やむをえず高等女学校設立の願書を認めることにした。

学校設立の願いはまず都庁の教育局を通して、文部省に願い出でねばならぬというのである。幸いに教育局は非常なる同情をもって、私共の計画を認めて下さった。山下、丸山の両事務官が遠路わざわざ視察に来て下さって後、私共の学園設立の願書をすぐ文部省に廻して下さった。たいていそういう書類は一ケ月も二ケ月も机上に置かれたままになるものだそうなが、迅速に調査も迅速に決裁もして四月の学年始めに間に合うよう取り計らって下さった。一体どこまで私共は神と人との温かい同情を得られるのであろう!!　私共はそれに励まされて日を夜についで、奔走、活動したものだ。

応験（神仏などが現す不思議な働き）

都庁の教育局へ学校設立に関する一切の書類を提出すると共に、清水郁子は文部省へ行き「文部省に認可申請中」という触れ出しでもって、生徒を募集するお許しを願い出た。私はかねてから、対外交渉は女性がするに限る。男性の私が行ってもなかなか偉い人々は逢ってくれぬ。また逢ってくれてもとかく風当りが強いものだ。しかし女性が行くとなにぶん、そうしたところへ出かける女性が稀だからか、木戸の敷居を容易にパスし得るし、親切なる取り扱いを受けるものである。

その代わり私は清水郁子が、文部省へ生徒募集黙認の許可を受けに行った日は、終日片瀬の林家の別宅の一室に閉じ籠もって、全能の神に祈り祈った。

私は今頃は家内がサブ（サブウェイ。地下鉄の意）でもって新橋から虎の門に出で文部省の石段を登りつつあるであろう、時刻を計っておいて神に祈った。

私の少年の頃、母はよく私のために祈ってくれた。母はキリストを知らなかったから、村の氏神に詣でて私のために祈ってくれた。私が中学の入試(1)を受けている時刻には、氏神様でお百度巡りをして祈っていたそうだ。お百度巡りというのは社のぐるりを百回、ぐるぐると廻るので、そのために百本の竹の箸を握っていて、一度廻ると一本、神前にささげるのである。そしてお宮の正面に来ると釣るしてある鈴を鳴らせて、ひざまずき拝むのである。実に大へんなエクササイズ（運動のこと）である。

私は受験から帰って、母のお百度巡りの話を聞いた時、はっと手を打って母に思い当ることがあると叫んだことを覚えている。それは国語の試験の時だった。馬鈴薯という問題が出ていた。私はそれがどうしても書けなかった。馬の鈴の薯、何だろうか。さっぱりわからん。ほかの問題は皆書けたが、その一問が書けぬ。私が困り抜いていると一人の受験生が「先生、先生」と叫んだ。監督の先生が「何じゃ」と問うと、「先生、二つ読み方がある字は二つとも書くのですか。例えば、ばれいしょと書くか、じゃがたらいもと書くのですか」と問うた。すると監督の先生は「ぶっぶるぶる。そんなこと問う馬鹿があるか。ぶるぶる」いって怒った。

「それ見ろ。それはてっきり、氏神様のお蔭じゃぞな。霊験《れいけん》あらたかなものじゃ」

母は実に得意だった。

私は家内が文部省へ生徒募集の黙許を願いに行っている時刻に、母が私の中学の入試の時刻にせしと同じ心持ちでもって、ひざまずいて神に念じ祈った。そして家内が片瀬へ帰るのを待ち切れず、心中はなはだそわそわ落ちつきえなかったから、夕方、西方駅まで迎えに行った。

「どうだったね」

「生徒募集してよいと。ただし『認可申請中』の五字は必ず書き入れて募集広告をするようにとくれぐれもいっておられた」

「それで安心した。では明日から生徒募集を開始しよう」

その日の夕暮れ、私は家内をつれ出して、江の島海岸を散策した。夕焼の富士は海の向うに北斎の画の如くに輝いていた。道々私は家内に、

「今日、あんたが文部省へ行っている時刻に僕は祈って、祈って、祈り抜いていたのだぞ」

言い聞かせた。

海岸の砂土の上に坐って、二人で感謝祈祷会を開いたのである。

（1）私は明治三十八年四月、滋賀県立膳所《ぜぜ》中学を受験した。三百四十五名の中、百名がパスしたことを覚えている。私は落ちたら、大阪へ丁稚に行くことになっていた。

必要は進歩の母

次の問題は生徒が果してあるかどうかである。恵泉学園を河井道子女史がお創めになったとき、十一名、教職員を聘し用意せられたそうなが、たんだ九名の生徒しか集まらなかったと恵泉学園の歴史に書いてあった。羽仁もと子先生の自由学園が雑司ケ谷で開かれしとき、二十余名しか学生は集まらなかったと聞いている。こういう名にし負う大家ですら、創立当初に集め得られた生徒は極めて少数だったのである。

私共には果して生徒があるかしらあ、それが次の心配となった。私は教団の社会部で四十円でもってザラ半紙を一千枚を買い入れて、夜は自ら生徒募集のビラを書き、昼は村の辻、町の角、駅前、風呂屋の脱衣場、バスの停留場、はってはって、貼りまくった。自ら糊をつけ祈りをこめて貼った。

「どうかこのビラを見て、入学志願するものがあるように」

私は貼り終わるたびにしばし黙祷して立ち去るのを儀式とした。その頃、矯風会《きょうふうかい》の久布《くぶ》白落実《しろおちみ》女史が自由党から代議士に立候補され、さかんに運動していられたが、ある日使者が見えて応援弁士たらんことを求められた。私も長年の知人ではあるし、北京の天橋愛隣館施療所設立の際には、一方ならず尽力して下されした方であるから、一両日だけ応援演説に参加することにした。

東京の千駄谷の選挙事務所まで来いというので行ったら、トラックに積み込まれてつれて来られたのが原町田（現在の東京都町田市）ではないか。トラックが柿生《かきお》を通過した時、一体どこへ行くのですかと聞いたら「原町田だ」という。「そんなら私が学校を建てようと考えてるところだ。僕は今朝、原町田の隣村からやって来たのですよ。原町田へ行くために原町田から千駄谷までやって行った訳ですね」。私はあきれて物が言えなかった。原町田に着いたら、小田急駅前の広場にトラックが止まった。

私はトラックの上で拡声器を手にして、久布白女史のために一席弁ずるべく、要請された。

「諸君、私は三十年間北京で中国人教育に従事せし者であります。このたび当地隣村、忠生村で新たに学園を設立しようと致しております。さればおそらく私にとってこの地は墳墓の地となるでありましょう。

その墳墓の地の人々へ今日、久布白女史を紹介するのは最も愉快なことであります……」

屋外演説を終えてトラックから降りると、聴衆の群れの中に原町田の有力者、岩本光代(1)女史がおられて、

「あなたが北京の清水先生でありますか。女学校をお建て下さいますか、それでは早速生徒を集めて差し上げましょう」

といって名乗り出られた。決して私は自分の事業のために演説したのでも何でもない。久布白女史のために立ったのであったが、計らずも一人として知人の無い原町田の地に、初めから有力なる後援者を得たのである。

生徒の顔を見るまでは教職員は聘しえぬと思いつつ大事を取っていたが、入学志願者は続々あって、四月二十日には二百名を突破してしまった。

どうしてこんなにたくさんの生徒が押すな押すなでもってやって来たかというに、それには二、三の理由があったようだ。わが桜美林学園から五十米ばかり西南に、境川という竹竿さえあれば飛び越えられるほどに小さい川が流れている。この川はまことに小さい川

ではあるが、東京都と神奈川県の境界をなしている川である。

そして省線横浜線はこの川に沿うて走っているのであるが、昔は相模原という平地森林であったろうが、四十年も前から汽車が走っている以上、その沿線には馬鈴薯の如くに町々が幾つもできているのは当然のことである。

しかるにこれらの町々が境界線の上にあるから、東京都、神奈川県双方が遠慮して、学校を建てようとはせぬ。境界線上に学校を建てると、自然、半ば他県民の子女を教育することになるからである。それがために境川沿線は無学校地帯となっていた。

桜美林学園はちょうどよくそういう無学校ゾーンに位置したから、かくも生徒達が押し寄せたのである。

それも一つの理由であったろうが、もう一つは農村は近来とても恵まれている。ロッパ(喜劇役者、古川ロッパのこと)が演ぜし劇にだったか、買い出しの都会人が主食を売ってくれねえかと言って、リュックの中から背広を一着取り出すとお百姓は、

「服か服ならもうたくさんだんべ」

言って家の外へ視線を向けた。買い出しの都会人がふと農夫の視線に沿うて外を見たら、田圃の中に案山子がモーニングを着て立っていた。そこでそんならと言うので腕時計を取

りはずして提供しようとすると、

「時計か時計もたくさんだんべ」

いって、一つの小さい笊を棚から取りおろして見せた。笊の中には茄子か小芋が入っているように腕時計が入っていた。私共が村に入った頃はすでにそれほどには買い出しは来なくなっていた。けれども農家の娘達は一通り服も着物も都会人のセカンド・ハンドでもって集めていたようだった。

本当に私共は最もよい時代に農村に学園を建てたものだ。以前この程度の農家では子弟を高等小学校を卒えさせたら、もう上級の学校へはようやらなかった。農民も学校さえあれば、幾らでも上げるという時代が到来していた。

「おらの子もやるべえ」

とか何とか言って、入学願書を持ってきたのであった。

創立早々にもかかわらず多数の生徒が群がり集まった。第三の理由は電車賃がぐんぐん高くなる上に、しかも殺人的混雑でもって東京だの横浜へ通学するのは命懸けである。わざわざすでにむずかしい入試をパスした者までが、棄権して転校を申し出るという有様だった。

これら三つの理由の外にもう一つ見逃しえぬ原因があった。それは淵野辺の造兵廠が盛んなりし頃、軍は資材を安く供給してくれて、大きい屋敷を持てる農家には家のぐるりに、小さいアパートだのしもた屋（商店ではない普通の住宅）を無数に建てさせて、家族持ちの職工達を住居せしめたものだ。その人々は皆いずれかへ帰り行ったが、その家屋が残っている。それへ家屋払底の折柄とて横浜、鶴田、鶴見、大井へ通勤するサラリーマンが住み込んで動かない。まだここ数年は遠くはあるが移れそうもない様子。それらの子弟が学校がなくて困っていたものであるから、皆やって来たのである。

　西洋の諺に"Necessity is the Mother of Progress"というのがある。われらの学園が、かくもスピーディーにずんずん伸び行きし訳は取りも直さず、「必要は進歩の母」という格言にぴったり叶っていたからであろう。

（1）岩本女史は原町田の婦人会々長。今はすでに物故せられし御主人は玉川学園の理事の一人でドクターだった。

学園史の第一ページ

明日は入学試問というので私は片瀬の宿から学園に行ってみた。すると家内は村の農夫を雇うて校舎校庭の掃除をしかけていた。

「おい、掃除はちょっと待て」

私が怒鳴ると、

「どうして、こんな乱七八糟《ルアンチーパーザオ》(1)では、明日生徒達がびっくりしますよ」

「いやいや掃除をしてはいけない。わざとこのままで生徒を迎えることにしたいんだ」

窓は硝子も枠も盗まれている。壁も破れている。壁を破ってその中から竹の棒を取り出して、燃しつけにしたらしい。進駐軍の兵隊は便所の中へ土をうんとこさと入れて、糞壺を埋めてしまったから、このままでは便所も使えない。

校舎の中には硝子の破片と塵埃《じんあい》が堆《うず》高く積まれている。しかも私はそのままの校舎でもって生徒をお迎えすることにした。

翌朝、私は早く登校して私は表門、家内は裏門に立って、生徒とその父母達を笑顔をもって、一人一人会釈しつつ迎えた。そして彼等が集まり揃うた時に種々語ったのである。

「皆様よくいらっしゃいました。本校は一人も落とすことなく皆お入れ致します。皆様の中には優等生もありましょうし、また劣等生もありましょう。優等生はますます奮闘して下さい。そして桜美林へ行くと優等生はいずれの学校へ行ったよりも、すばらしい抜きんでたる人物になるということを世の人々に証して下さい。劣等生は劣等生で桜美林へ行ったお蔭で、自分は頭はよくないがこの点では誰にも負けぬという特長を、自分の天分の才の中から伸ばしえたと言う風にきばって下さい。本校の校長、郁子先生は小学校、高等女学校、女高師（女子高等師範学校の略）でも、また米国の大学をも皆一番で卒業して、一度だって二番にならなかったそうです。しかし私は中学校の時に同級生百十名の中で九十八番でした。同志社大学では七番でしたがね。ただし同級生は八名でした（どっと《マ》笑《マ》声）。諸君、劣等生が必ずしも棄てたものではないですよ。

　社会には頭の鋭い人々も中くらいの者も、極めてにぶい人々もいるのです。頭の鈍い者にはその代わり手先が機用であるとか心が美しいとか、何か特長があるものです。学校というものはそれ自体が社会です。すでに社会である以上、いろんな人々がいなければ社会になりません。なっても特殊な社会になってしまいます。故に学校にも頭のよい者、悪い者、皆いてよいわけです。頭の良い者ばかり集めた学校は競争心ばかり激しい学校になっていけません。頭の悪い学生が身近にいてこそ、同情すること、助けることを実習することができるのです。あたかも音楽にテナー、アルト、ソプラノ、バス、種々の音調があるように頭のよい者、手先の機用な者、心の美しい者、辛抱強い者いろんな人々がいてよいわけです。音楽はいずれの音、たとえそれが美しいソプラノであっても、その一種類の音よりも四種の音が交響してる方がよい。ちょうどそのように社会にはいろんな人々がいて、互いに助け合い協力していくべきだと思います。

さて今日は入学試験の代わりに、皆様にお掃除をして頂きます。

硝子戸はほとんど失われていますが、所々に盗み残されています。第五棟目の二階に幾枚、第四棟の二階にも幾枚、第二棟の二階には十枚くらい残っています。それらを集めれば第一棟と第二棟とを整備ができるでしょう。

硝子の破片で怪我をせぬように十分注意して掃除して下さい。

実は皆様を掃除もし、整頓もしてお迎えしようかとも思ったのでありますが、皆様は将来本校の第一回卒業生たるべき人々であります。私共はもう六十歳に近い老人ですが、あなた方は若いのでありますから、本校歴史の第一頁がどんなであったかを、語り草として後の世までも伝えて下さらねばなりません。

そのため皆様自身にこの校舎を整頓し、掃除して頂くのです。

一体この学園は誰の学園でしょう。この学園は誰のものでもない。あなた方のものです。しからばあなた方自らが掃除整頓する。当然のことではありませんか。

『わたし達は学園最初の日に来た。そして自分達の手でお掃除もし、整頓もした』という、誇るべき履歴をどうかお作り下さい。

たぶん皆様の中には一人や二人、この学園を背負って立つべき人材がおられるでしょう。その人々には特に今日のお掃除は永久に忘れられない記憶となりましょう。

父兄の皆様、本校は御覧の通りの荒れ果てし建物であります。けれどもこの校舎はあたかもわれらの祖国日本そのものを象徴するにふさわしい姿を呈しています。壁は落ち窓硝子は盗まれてなく、床板ははぎ取られ、実に蹂躪され狼藉された花園に似ています。

日本再建こそは私共の理想であります。私共は日本再建の一つとして、ここに学園を建てこの荒れ果てし建物を整えようと存じます。そしてその最初の出発を若き生徒達と共に致そうと存じます。

皆様のお子様はこの学園第一回、第二回卒業生であります。創立早々の時代はいずれの学園も万事不整備、不行届であるべきはずでありますにもかかわらず、人材はむしろ第一回、第二回卒業生中から輩出されています。どうしてでありましょうか。思うにそれは学園創立早々の時代は、物は整っていぬかも知れませんが、精神の熱が燃えているからであります。夢があるからであります。

皆様もどうかわが子に夢を見なさい。私共がこの学園の前途に夢を見てる如くに」

これだけのことを語って後、私共は先んじて箒を持ち掃除を始めた。生徒はかねて入試の日には雑巾と箒を持参のことと掲示しておいたこととて、みるみる裡に清掃された。父兄達も傍観してはいなかった。大人でないとやれそうもない重い仕事を見出して、窓硝子をはめたり、土砂を運んだりして下さった。

「どうですか、今日の入学試験は。鉛筆で書くのと箒で掃くのと、どちらがいいですか」

私が少女達に呼びかけると、

「この方がいいです」

と言った。こうして桜美林学園史の第一頁は、二百の少女達の手によって親しく書かれたのであった。

（1）乱七八糟は中国語で、無茶苦茶という意味。

教職員集まる

生徒は集まった。今度は教職員である。誰よりもまず必要なるは事務員である。入学査定料と入学金と授業料を受け取る者が欲しい。そこへ北京の崇貞学園の卒業生と、その夫の高橋君が石家荘から引き揚げて私共を捜していることがわかった。彼等は東京に着いてＹＭＣＡへ行って私共の行衛を聞いてやって来たのであった。

「ちょうどよいところへ来てくれたね」

彼は元来は畳屋の息子だったが、主計軍曹の復員であったから、会計、事務員としてはあつらえ向きだった。

これで事務員はできた。次は教員である。教員は慎重に求めねばならぬ。

私は京都、大阪、神戸に下り教員をさがすことにした。知人、先輩を訪れて推薦を請うたが、それでも誰一人行ってやろうと言う者はなかった。せめて一人だけでもと思い空手で帰る訳に行かぬから、旧友の遺女で女専（旧制の女子専門学校）を出ているのが、仕事を求めていると聞き込み、わざわざ訪問して交渉したところ話が大体まとまったにもかかわらず、誰か水をさすものがあって、あっさり断られてしもうた。

私はがっかりしたというよりも、しゃくに触って帰途に就いたのであったが、ふと汽車が小田原駅に着いたとき、全くにわか思いつきで小田原近在に山室忠子さんが住んでいられることを思い出し、あわてて下車してしまった。忠子さんは北京崇貞学園で家政科を教えて、一年間手伝ってくれた人である。

さて小田原駅で下りたことは下りたが、困ったことには番地も知らねば、村名も覚えておらぬ。ところが、世界は広いようで実に狭いもので、駅前の背の高い一人の老人に問うたら、

「青島から引き揚げてきた山室欽一、金太郎だろうが。金太郎ならば、おらがとこの村の者だんべ」

と言うではないか。山室氏は本名、金太郎で忠子さんのお父様で、青島の実業家たりし人である。私が訪れた日は忠子さんはお母様の実家へ行っていられた。

そしてその実家というのは御殿場に近い、北山《ママ》という田舎にあった。

「やむを得ない。こうなったら北山《ママ》だろうが、東山だろうが参りましょう」

と言ったら、お母さんがつれて行って下さった。お母様の実家に近づいた時、私は忠子さんの後ろ姿をちらっと見つけた。

「山室さん」

と声をかけると、ちょっとこちらを向いただけで家に入ってしまい、私が座敷に上がっても出て来られぬ。

「どうしたんですか」

「実は謙がニューギニアで戦死したという内報がありましてね」

「いつ内報が来たのですか」

「三月も前にあったのですけれども、忠子には言わないでおいたのです。けれどもいつまでも秘しておってもしようがないですから、一週ほど前に明かしちゃったのです。そうしたら、ずっとそれから泣き続けてるんです」

謙君というのは早稲田の理工科卒業生で、忠子さんの御主人である。苦味のあるきりっとせる男前で、立派な青年だった。お二人は幼なじみだったが、私共を仲人として結婚式をお挙げになったのである。たぶん隣室の納戸でふすま越しに聞いていられるであろうと思い、わざと大きい声でもって用件を語り、辞して帰ろうとすると目ぶたをはれぽこにして出て来られた。

「心も晴れ、気もまぎれるでしょうから」

といって、勧誘これ努めたのであったが、何しろ生来情愛に厚い性質であるから、断り切れずようやく来任の承諾をして下さった。その山室さんと話してると、

「北京の川村建爾《けんじ》先生が、小田原にいられますよ。御存知ですか」

といい出された。川村さんは少年時代より、米国婦人宣教師に子の如く可愛がられて、大きくなりし人である。早速山室さんの案内で、英文専攻科の主任に来て欲しいと申し込んだら承諾を受けた。夫人はかつて、キングレコードの童謡歌手たりし、最も美しい声の持主、音楽家である。私は三人の先生を与えられしことを土産となして、さも得意然として学園へ帰った。ところが家内は家内で私なんかいながらに人材を集めましたよと報告するのであった。

「吉井という女高師出身の先生で、北京の高級中学で教えていた方があったでしょう。あの人が生徒募集のビラを見て来たのであるが、教員になってお上げしようかとの申し込みがありました。それからあなたのお友達の神崎清(1)さんから、こんな手紙が来てますし」

と言って、一通の手紙を手渡した。その手紙は東京高等師範学校卒業者で台湾から引き

揚げ来りし、姪夫婦を教員に推薦すると言うのである。姪は洋裁の教員ができるであろうし、その夫は慶応大学に通学する傍ら教えたいようだという紹介であった。稲垣先生夫妻こそはその人々であったのである。

かく書くならば、桜美林の生徒達はそんなら尾崎先生はどうしていらっしゃいましたかと問うのであろう。

私共が賀川豊彦先生のオフィスで、校舎をお借りする最初の相談の日、すなわち昭和二十一年三月二十三日、私共は尾崎先生にお目にかかったのであった。当時先生は賀川先生の秘書をしていらっしゃった。家内にとっては女高師の先輩でもあるし、

「校舎がうまく借りられて、学園が創立されたらどうか来てお助け下さいませ」

言って夢のような話を持ちかけてお願いしたのであった。そこで私は家内に、

「これで関西の教員が見つからなかった訳がわかったよ」

「どうして」

「神様が、こちらにちゃんと用意してお置きになったのに、方角違いのところへ捜しに行ってたのだよ」

いって笑った。こういう風にしてしかも有資格者揃いで、しかも戦災者、引揚者ばかり

でもって、桜美林学園の教員陣営は成り立ったのであった。

私共が捜しに行ったところで人材が集まらず、思いも寄らぬ縁で人が与えられて、我等の学園ができた。この一点から考えてもこの学園は神自身で経営していられる感を強うせざるを得ぬ。その後も一人の教員が都合あって、お辞めになると不思議にその教員と同じような先生がちゃんとやって来られるような仕組みになっている。

あたかも子供の歯が動き出す頃、やがて下から新しい歯が芽を出し来りおれると同じではなかろうか。どっか天の一方のどこかに目にこそ見え給わねども、目に見ゆるものよりも確かに存在して、この学園を司っていられる神が実存していられるに違いない。私共はしみじみとそう感じられてならぬ。

本当に不思議である。こういう建てたばかりのあばら屋の如き学園へ、どうしてこう多くの人材が集まったのであろうか。

「不思議だ」

「本当に不思議だ。不思議の連続だ」

私共は不思議を連発しつつ桜美林学園を創立したのであった。

（1）神崎清氏は明治文学の研究家。著書多し。

六月六日の開校式

桜美林の名にふさわしく、万朶《ばんだ》の八重桜は今を盛りと咲き乱れている。

私共は昭和二十一年五月五日、理事長賀川豊彦君を迎えて学園の開校式を開いた。開校の前々日までは学園には椅子、机、黒板、腰掛何一つとして無かった。私共は机、椅子がなければ坐って勉強、すなわち坐学するまでのことであると言い放ってはいたが、私は日夜ひそかに神に与えられんことを祈るや久しかった。

「開校式はどうするんですか」

「僕にそんなこと問うたって、どうにもならん」

「それじゃ、誰が用意するんですか、私は知りませんよ」

「……」

私は無言、ただ上の方を指さした。神様に願えという意である。

これより以前に東京の家具統制会へ、およそ十七、八回、家内は足を運んで軍の机や椅子、腰掛の払い下げを願い出でておいたが、なにぶん遠隔の地から行くものであるから、品物が入るそばから入るそばから、他の戦災校や役所の人々に先手を打たれて、私共の手などにはなかなか入らなかった。

ある日のこと机が入ったという内報を受け取って、今度は私自らが取るものも取りあえず、家具統制組合の倉庫のある荒川区の三河島まで馳せ参じた。倉庫は荒川小学校にあったがすでにもうどっかの学校だったか、役所だったかが運び去ったあとの祭で、何もなかった。

ところが、その家具統制事務所に一人の青年が雇員《こいん》だったか、嘱託だったか、最も下級の位置に働いていたのである。その青年が北京にいたことがある復員兵士であった。私共のことをよく知っていた。私はその青年を捉え、縷々《るる》数万言を用いて、桜美林学園設立の計画と理想を語った。語ろううちに言葉は熱して涙までも呼び出し「どうか再起再出発させて下さい。これこの通りにお頼み申す」と歎願哀願したものだ。その青年は五月三日の電報でもって、

「イス　ツクエ　ハイル　キカイニガスナ」

という至急報をひそかに打ってくれた。すわとばかりに私共は未明に打ち出でてトラッ

ク三台率いて、かけつけた。荒川小学校なる家具統制会の倉庫に行った。私共が現場に到着すると商船学校とかのものだという、家具が幾台ものトラックに満載せられてやって来た。それを倉庫の前で待ち伏せて、机だろうが腰掛だろうが、椅子だろうが、黒板だろうが、寝台であろうがことごとく積みかえて運び来った。その家具はちょうど二百名の生徒を容れるのに不足でもなく、また余りもせずちょうど必要なだけのものであった。その時の嬉しかったことたらなかった。かく私がいったならば、読者諸君はただでもらったのであろうと想われるかも知れんが、決してただでもらった訳ではなかった。確か六千数百円を支払ったことを覚えている。

それは五月四日、もう夜の十時過ぎだった。トラックから机、椅子、腰掛をおろして、「ああ、これで明日の開校式は立派にやれる」と叫んだのは。明くれば五月五日、朝早くから昨夜到着したばかりの腰掛を講堂に並べて、理事長賀川豊彦、理事小川清澄の両氏を迎えて、十名の教員と二百十四名の生徒、百数十名の父兄、母姉と共にめでたく開校式を開いた。昨日まで一脚の腰掛もなかったのに一人も立っていなければならない者もなく、講堂が整備されてあるのには、生徒も親達も口を開けてびっくりしていた。

式は讃美歌三七〇番でもって開会された。讃美歌三七〇番は『蛍の光』の譜であるから、創立直後の学園ではあるが、生徒も父兄も皆唄いえてよかった。

次は聖書朗読であったが、教員尾崎すが子女史が、『箴言《しんげん》』第三一章第一〇節以下をお読み下さった。この聖句はかつて崇貞学園が選び定めし、学園精神を現わすところのテキストであった。

小川理事がおごそかな祈祷を献げられ、次いで参会者一同校歌を唱って頂いた。起立せぬ二、三の人々があったから、校歌を唱う時は皆帽子を取って、学園の者も学園に関係のないものも、唱うと唱わぬにかかわらず、起立するのが礼儀であることを説明した。校歌もまた日本人の誰でもが知っている譜であるから、一同声高らかに唱いえた。

校歌斉唱の後に私は壇に登って、学園創立の経過報告をしたのであったが、まず校歌の説明から始めた。

校歌

一、美はしの　桜花咲く　林ぬち
　　養はむかな　万世に　太平拓く
　　　大和心を

二、村里の　土に親しみ　新しく
　養はむかな　日の本を　再び建つる
　　大き力を
三、空遠く　富士の高嶺　仰ぎつつ
　養はむかな　人の子の　示し給える
　　高き理想を

（清水安三作）

「従来は桜花といえば、パッと咲きパッと散る桜哉、身を鴻毛《こうもう》の軽きに比し、戦場の露と惜気もなく消える。日本武士道の魂を象徴する花と言われて来ったが、そういう精神を象徴する桜花はも早や、永遠に日本国土に咲き匂わないことになりました。

この時において私は桜花の象徴する新しい精神を提唱する。桜花が爛漫と咲き乱るるところ、何となく天下太平ののどけさを感ずるではありませんか。

今後といえども平和の花として、桜花は引き続いて日本国民にもまた、外国の人々にもめでられるに相違ない。換言すれば古い桜花は追放されて、新しい桜花が匂うのであります」

私は窓の外を眺め眺め語り続けた。窓へは吹雪のように桜花が舞い込んでくる。キャンパスは足を踏み入れるところなきまでに、ほんのりと桜色に染めし時ならぬ雪が敷き詰めている。

「校歌の第二節には、地に落ちている日本の道徳を、まず農村から上り坂にしようという精神が歌われている。古来いずれの敗戦国も農村の再建から復興している。硝子戸も畳も机も椅子もドアも障子も瓦も門の扉も何もかも掠奪された校舎で、『汝盗むなかれ』から説き始めようと言うのである。

第三節には富士山が歌われている。学園のグラウンドから相模連山の峰間に、小さい扇の如きほんのわずか額だけ顔を出して見ている。

今朝も富士は背伸びして、はるかに学園を見ている。ちょうどそのように神様はこの学園を天からじっと眺めていらっしゃる。

この学園は神様の目の届くところで、経営されているのであります。

私共は学園設立の資金を持っていません。けれども神はなくてならない物を与え給うことを信じています。人材も資金も必ず与え給うことを信じています。

御覧の通り昨日までこの講堂にベンチ一脚なかったのに、今日はこの通り、皆様に一人一人掛けて頂くことができました」

私は三月二十二日、リュックサック一つ背負って東京に到着せし以来の学園創立の経過をつぶさに語った。私は演説中、一再ならずどうしても声を出せず、一分二分と黙し話を途切らし、涙を喉に呑まざるを得なかった。

ついで賀川先生の講演[1]、忠生村長の祝辞等あって、開校式は非常なる感激のうちに無事終了した。式後、壇を降りると私の手を握って、泣ける母姉も少なくなかった。

「先生の御心中、お察し申し上げます」

「謝々《しえしえ》」

思わず中国語で応えて、

「清水安三、ここに見事に立ち上がりました。どうか宜しく」

といって人々に握手し歩いた。

生徒達、父兄、お客様を送り出してから後、私共は顔に両手の掌を打ち当てて、よよと泣いた。泣きたる後に私は両手の掌をきっと握った。

「さあ、これからだ」

と叫んだ。

（1）賀川豊彦先生の講演は、デンマークのグルントヴィとフランスのジャン＝フレデリック・オベリンのお話だった。日本再建は農村からというお話であった。

破天荒《レコードやぶり》の認可

もう書類が文部省に届いたであろうというので、私共は文部省の中等教育課をお訪ねした。文部省の役人の方々は口に微笑を含めながら言われた。

「昨日書類は届いたことは届いたが、そうあなた方のように性急なことをいっても困りますよ。御覧なさい。あの老教育家は十年間も文部省へ毎年毎年通うて、ようやく今年認可を得られたのですよ」

といって、指さされし方をふと見ると胡麻塩の頭髪の老婦人教育家が部屋を出て行かれる姿をちらっと見届けた。まず各種学校として、高等女学校の二字を用いることを許されないから、何女学校として経営するか、まず裁縫女学校として建て、それを五年十年、時には二十年もの間育て上げて、ようやく認可を受けて高等女学校となすのが、経営の順序であって、その間、上級の学校へ入学したい者には四年生なり三年生の時に他の認可を受けている学校へ転校をさせて、生徒にも不便をさせながら肩身の狭い学校を経営して行くのがほとんど学校創立の定石となっているのである。

それだのに三月も二十日過ぎて帰国して、四月から学校を建て認可を得ようというのは少々虫のよすぎる計画ではあった。しかしながら私はそう五年も十年も、文部省へ日参するには年老い過ぎている。私の相手をしていて下さる文部省の事務官は年若い青年官吏であったから、私はむしろその青年事務官の背後にいられるところの課長さんのお耳に届くよう、特に大きい声でもって訴えた。

「私はそういう肩身の狭い学校を、しかも異国で異民族の政府の下にやって来たのであります。私が三十年前に北京朝陽門外に崇貞学園を設立せしときは、日本人なるが故に学校の看板すら掛けることが許されず、板の看板を掲げるとお巡りさんが持って行ってしまう。やむなく看板も掛けず七年間やっていると、ちょうど朝陽門外を治めるところの歩軍《ほぐん》統領《とうりょう》（歩兵部隊の隊長）のお妾《めかけ》の娘が学校に上がるようになって、始めてやっと、看板をおおっぴらに掲げて学園を経営できるようになったのであります。

ただいまの老教育家は十年、草履《ぞうり》磨り減らして、文部省にお通いになったかは知りませんが、その体験は私はとっくにもう、中国でやってまいりました。さればどうか北京の崇貞学園の続きと思し召して、認可をして下さるわけには行きますまいか。

なるほど私共の桜美林学園には、理化の標本一つありません。けれども現に新潟県の師範学校長をしていられる井上先生が、北京大使館の教育領事であられし頃、崇貞学園へ来られて生徒を集めて、「日本でも中等学校には、この学園の如くに完備した学校は少ないのであるからして、皆さん感謝して勉学にいそしまれるように」云々と、訓示されたことすらあります。それでありますから、どうか桜美林学園には何の設備もありませんがお許しを願いたい。

聞けば東京の中等学校にして、校舎を焼きしものは二十幾校あるそうでございますが、それらの学校は校舎すらもなく、他校の校舎を借り受けて続けているそうであります。しかるに桜美林学園は校舎だけは五棟もあるのであります。もしも私共がすべての設備、標本を接収されたからとて、認可が下らぬのでありましたら、なぜ焼け失われし学校への認可は取り消されぬのでありますか。接収されたものと焼かれしものと、それは差別待遇さるべきものではございますまい。

どうかぜひ共に認可して頂けますように。私共は引揚者の教員を用い引き揚げ生徒を集めて、共に再起再出発するのであります。なにとぞ御認可をお願い申し上げます」

私は言々句々、額に油汗かきつつ申し上げたのである。時折息が喉がつまって、言葉が切れ切れにつかえたが、やっとこれだけとぎれとぎれに申し上げた。すると課長さん――今はすでにそのお名もお忘れしたが――が言われるに、

「私は、実は来週、何々県へ何某専門学校長となって、赴任することになっているのです。もうこの椅子に坐るのも今週限りです。一つ私の課長時代のお土産の事務として、あなた方の学校を認可して差し上げましょう。どうかしっかりやって下さい。御成功を祈ります」

といって、長い長い私の口上に対して極めて短い返答をなし、あたふたと忙しげに席を立って出て行かれた。

私は席を立って課長の後ろ姿に思わず合掌した。私はもう息苦しくなり口中がひからびて、舌が動かぬような感じがした。文部省の出口の石段を私は転ぶが如くに、夢中になって下ったが、涙がさんさんと、とめどもなく下るのをどうすることもできなかった。

「Every thing Okay だ」

私が家内にこの報告した時は、さすがの家内も眼鏡をはずして泣いていた。

おお、桜美林学園の生徒達よ、永久に銘記せよ。御身等の母校、桜美林はこれらの人々の特別なる愛の行為によりてでき上がったことを。林彰文堂夫妻の親切、賀川豊彦先生及びその秘書小川清澄氏等の好意、それから都庁教育局の山下、丸山両事務官の同情、東京家具統制会の無名の一雇員君の義侠、文部省の課長より一専門校の校長に転出せし、御名を忘れたが一官吏の特別なる善意、それらのいずれ一つがなくてもわれらが学園の今日はなかったのである。

幼虫を食う

桜美林学園の国語と地歴の教員に任ぜる女高師出のY先生は朝鮮からの引揚者だった。彼女のお母様は裏朝鮮《ママ》で農場を所有する大地主で、三十町歩も朝鮮人を雇用して、耕作しておられた方であったけれども、それこそすべてを失い尽くして、着のみ着のまま引き揚げた方である。これはずっと後に聞いたことであったが、

「親子四名四日間、水ばかり飲んで教えたことがありました。その時こそは校舎の階段で息切れがしてよう登れませんでした」

というのである。

創立の当時、学園は月五百円の給料を均一に先生方にお払いしていた。その頃の五百円の給料は東京近在では校長でも取っていなかった。もっとも二三ケ月の後にはどこの学校も、五百円にまで上がったことはあがったけれども。それにもかかわらず水ばかり飲んで、凌《しの》がねばならぬほどに引揚者は困窮したのであった。どうかして粉を手に入れようと私共はもがいたら、少々お分けしようといってくれた者があったので、ずいぶん値が張ったが買って食ったら、腹がくだって仕様がない。調べてみると粉の中に南京豆の皮が粉砕されて混ぜられていたのであった。今でこそ多数の生徒を持っているので、お芋でも、おじゃがでもたやすく手に入るが、創立の頃とてそんなひどい目にも逢ったのである。

数学の教員に来任せしI先生は台湾からの引揚者であって、あそこで中学校の教官であったが、高師（高等師範学校）出身である。この人は自らすべてを失うたるのみならず、終戦の直前に夫が戦死せしめしために寡婦になれる妹を呼び寄せられたところが、その妹さんは荷物を一船先に発送しておき、船に乗ろうと思って切符も買われたのに終戦となりしため出発できず、その発送した柳行李もトランクも蒲団も皆、行方不明になってしまい、一家ことごとく持ち物を失われた。そのために先夫の遺児を伴える令妹と母堂とを養わなければならず、これもずっと後に聞いたことだが、蝉の幼虫を土の中からほじくり捜して、それをおかずに蛋白質を取られたこともあるそうである。

私共は旅順の高等学校に学べる次男と奉天医大に学ぶ長男とは、当時消息不明のままで帰っていなかったこととて、夫婦二人きりであったからどうにか再出発できたけれども、寝具にはまったく事欠かざるを得なかった。引揚者への配給の蚊帳がうす寒くなってからではあったが頂けたので、

「今頃蚊帳などくれても何も役に立たぬ」

とか何とかいって、つぶやいていた癖に、その蚊帳を蒲団代わりに着て寝たために寒い冬が越せたのであった。故里の田舎、生れた家の土蔵から蒲団を一枚貰って帰ったが、田舎の蒲団のことであるから、せんべい蒲団一枚だけではどうも寒い。何とか工夫はないものかと考えた末、蚊帳をそのせんべいの下に敷くことによって、暖かく眠れたのであった。

北京にいた頃は自分達は毎日風呂に入り、中国の人々が一ケ月に一度くらいしか入らないのを不思議がっていたが、農村に学園を建てたばかりに湯屋《ゆや》がない、もらい湯は気が続かなくてつい自然足が遠のく、一ケ月に一度しか風呂に入らない生活は、いつの間にか私共すべての教員の風俗となってしまった。いつになったら学園に風呂が毎夜立って、かつ

ての日、崇貞学園で五人も六人も共にからから笑いながら、白い陶器の煉瓦で囲まれし大きい湯槽に入りし如くに、お湯に入るのを一つの楽しみとするまでにこの学園が発展するであろう。思えば自分のことも自分のことながら、多くの先生方、生徒達にも不自由をさせているものだ。

「安三先生、今日は先生に厳談しようと思ってまいりました」

といって事務に携わりおられしK君が私の寝室にやって来られて、

「こうした学園はもうやめてしまってはどうですか。何人も先生方を苦しめるようなものではないですか」

と進言せられたことすらあった。

私共の借りし建物は造兵廠のために設けられし寄宿舎であったから、畳が千二百枚も敷いてあったにもかかわらず、私共の入った時には一枚も残されていず、隙間だらけの松の板の床が露出している部屋ばかりであったから、私共はどうにもしようがない。押入の棚をベッドの如くに考えて、その上に眠った。敷布団は例のせんべいであるし、北京でシーメンスのスプリング・ベッドの上で寝ていただけに西式（西式健康法。固い平床で寝ること）の生活はなかなか苦しい。

日本はよく雨が降る国だ。毎日のように降る。

日本へ帰って最も不自由したことは、一本のコウモリ傘をも持たぬことだった。新宿のブラックマーケットに折々出ているのを見つけたが、六百円だの八百円だのする。とても手が出ない。安くもない蛇の目傘を手に入れて、差して歩いたが電車の中で揉まれるから、いっぺんに破けてしまう。家内は何かの用事で恵泉学園を訪れた時にちょうどよく雨が降ったので、校長の河井先生がコウモリ傘を持って行けといって貸して下さったとかで、その傘で梅雨の晴れるまで、そのまま借用させて頂いていたが、ある日、常の如く傘を持たねばならぬ天候の日に、何かの会合に顔を出したところ河井先生も来ておられ、空がもう晴れていたのと持って来ていることが見つかってしまったので、どうにも仕様がない、お返ししてしまった。

「とうとう、河井先生に返したの」

「また、誰かのを借りて、一ケ月ばかり使わしてもらうんだね」

私共にそれぞれコウモリ傘が手に入ったのは、二十一、二年両度の梅雨をすでに過ごしたる後だった。私は米国へ帰国せられしミセス・タッピングが、亡き背《せ》の君《きみ》（日本古来の「夫」の別称）の遺品なる傘を置き土産に下さったことによって得、家内は米国からのララ（アジア救済連盟の略称）の贈物の中に一本の傘を見出しえた。そしてやっと二人が傘を手に入れたばかりの今日（このページを書いている日）、引揚者へコウモリ傘の配給の通知を受けたのである。そしてクジを引いたら、偶然にも当ったから私はそれを戦災者でも引揚者でもない、学園の先生である女性教員に権利をお譲りしたら、とても大喜びだった。私は、

「配給の傘を闇に流して、五百円儲けるようなけちな野郎ではねえだよ」

久し振りでちょっと啖呵《たんか》を切ることを得た。こうした啖呵の一つも切れたのも、まったく引揚者への配給があったればこそである。

白眼視、迫害の環境

学園を創設するという時は昔はいざ知らず、今日ではこの町に建ててくれ、この村にどうぞという風に引き込み運動があるのが当然であるのに、私共は地元の村人に白眼視され通しである。

どうして村の人々に歓迎されぬのであろうかと、反省もしまた調査してみるに、第一に私共の借り受けた所の建物と村人とが、しっくり感情が融け合っていなかったようだ。村

の人々が何度も建物の持ち主に交渉して、できたら寄付をできねればせめて借してくれと申し出られたものらしい。ところが持ち主は終戦後建物が荒らされ、およそ取りはずせる物は何でもかんでも取りはずして持ち運び去られたことに憤慨して、貸与しようという心持ちにならなかったものらしい。

村の学校にという要請もあったそうなが、そういう村の要請が拒まれて、かえって縁もゆかりもない私共が遠方の中国から引き揚げ帰り来って、突如学校を立てたものであるから、どうしても村の人々としっくり行かない。

そこで多くの人々は地元の村の人々と、よく連絡がつかねばさぞ困っているだろうと思われるのであるが、私共は何しろあの排日の運動、五四《ごし》運動が起った民国（大正）八年に、しかも五四運動発祥の地、北京で五四運動の起こった年《ママ》の五月に崇貞学園を創立したのであったから、村の人々がどういう態度を取られても案外、平気なのである。

むかし三十年前、北京で崇貞学園を建てたときには、学校の門札を掛けると中国の警察署が、日本人には学校を開く権利がないといって、持ち去ってしまった。そこで紙に書いて貼りつけておいたら、墨泥を箒でもって塗りつけて、文字が読めぬようにしてしまったものだ。

そういう排日の環境にあって、押し切って三十年動かず学園を守り抜いたのであったが、終わりには逢う人々、誰一人私に会釈しない者はなく、異邦人でありながら極めてアットホームであった。

私共はそう遠からざる将来に学園出身の男、女が村の過半数の村会議員たる時が来ることを知っている。私共が八十まで生きとれば必ず、自分の子弟が村長になる時の来る事も知っている。もう十年もせば地元の村々、字々《あざあざ》の中堅人物は皆、私共を恩師と呼ぶに相違ないことを知っている。それであるから村の人々に媚びるよりも、生徒達の一人一人を目の中に入れんばかりに愛する方が賢明だ。

今日の村の人々が、私共を白眼視しようが迫害しようが、そんな事に少しも頓着もせねばまた気にも懸けない。したがって村の人々に対して卑屈な態度を取って、甘心《かんしん》を買うなどとは毛頭思わない。ただ村長さんのところへ、年賀の挨拶に罷《まか》りでるくらいの程度の儀礼を尽くすだけでたくさんである。

ただ、私共はどんな態度でもってあしらわれてもこの村が私共の墳墓《ふんぼ》の地《ち》（ふるさと）である以上、この村々のために祈り、この村々のために心血をそそいで尽くすのみである。

かく決心してみればむしろ、迫害と白眼視の中に学園を経営することは実によいことである。何とならばいつも油断せず緊張し、いつも開拓者の精神を持ち得、いつも今に見よという預言と夢とに生きられるから。

きかれざりし祈祷

それは二十一年の秋の頃だった。新しい教育制度が発表され、来年の春から実施せられんだと聞いて私共は本当に文字通り青くなってしまった。

「来年から新制中学校が、村々にできるとなると果たして、私立学校へ生徒が来るか知らあ」

私共は六三三の新教育制には賛成も賛成、大賛成ではあったが、自分の学園にとっては致命傷でありはせぬかと思い、憂慮もし悲観もした。

ところが十二月の末頃、年も押し迫った頃だった。私共が心配しぬいているところへ、都庁の教育局から呼び出しがあって行ってみると新制中学生、委託の命令であった。命令というほどでもなかったが、来春から新制中学が義務制になるから、桜美林学園に村の中学校のできるまで、委託生を引き受けてもらわねばならぬ。何百名引き受けることができるかとの仰せだった。

「二百名でも三百名でも喜んでお引き受け致しましょう」

と即答して私共は引き退がった。生徒の委託を引き受けると一名に幾十円という経費が支給される。多くの私立学校は委託を嫌い、校長達は婉曲に断っていたようだったけれども私共は渡りに舟、待っていましたと言わんばかりに喜んだ。

「これで楽しいお正月もできるわい」

私は雀躍《じゃくやく》して喜んだ。ところが一月も半ば過ぎた頃のある日、原町田からのバスの中で忠生村《ただおむら》の人々がしきりに話している。

「おらのところの娘は村の新制中学校に入れるべえ」

「おめいのところは、オウビリンに行くんだんべ」

狭いバスのことであるから、聞かざらんと欲しても聞える。私は帰宅後、家内の顔を見るなり、

「どうやら、村にも新制中学ができるらしいぞ」

「そう、一つ明日忠生の小学校へ行ってきいてみましょう」

翌日きいてみたら、やっぱり村にも中学校ができるらしい。そこで私共は都庁の教育局

に行って、

「委託学生をお引き受けする約束を致しましたが、その中学生は何村の中学でしょうか。忠生村でしょうか。忠生村でしたら、中学校を設立するそうでございますが」

というと係の事務官も驚いていられた。私共はことによると隣村の堺村の生徒を委託されるのかとも思っていたが、やっぱり忠生村が委託するであろうと予想しておられたことがわかった。

「さあ、委託がないとすると考えねばならない」

私は心を打ちあけて相談してみようと考え、一夕、学生を道案内させて小山田の村長さんを訪れた。まだ宵の口であったが、雨戸が堅く閉ざされていて、叩いても叩いても声がしない。村長さんのお屋敷は白壁の萱葺《かやぶき》の門構えだった。

私はあの夜、村長さんに逢えなかったのを神の摂理と考えている。その後教員達にも生徒達にもこの四月が学園の危機であることを告げ、皆心を合わせて生徒募集に努力するように要請し、祈りつつ四月の来るのを待った。

ちょうどその頃、そうだまだよほど寒い頃だった。私は国立相模原病院の廃兵（傷病兵の意）の人々に依頼されて、講話をする機会を持った。電気コンロをテーブルの下に置いて、毛布をテーブルクロスの如く床に引きずるように掛けて、その中へ足を突っ込みつつ廃兵達は講話を聞いていらっしゃったから、まだよほど寒い頃だったのである。

私は腕の無い人々、足のない人々、中には手も足も無い人々もおられた、実を言えば私は憐れむべき廃兵達を慰めもし励ましもする講話を用意して行ったのであった。けれども彼等を目のあたり見ては彼等の胸を直接打つような話はようできぬ。そこで私は三十年、苦辛の崇貞学園接収、北支引き揚げの物語を一通りして、桜美林学園経営の苦心談をしてのけた。

「ここまでやっと漕ぎ着けた事業も六三三新教育制実施の変革にあって、まさにひとたまりもなく、頓挫せんとしています。世の中には自分の罪、自分のしくじりによらずして、根こそぎに蹉跌《さてつ》してしまうことがあります。

私はこの時に諸君と共に思い出したい物語があります。これはもう先に『キング』という雑誌に載っていた実話であります。私共の少年の頃、雪中行軍の歌が唄われました。その雪中行軍で一人の兵卒が、凍傷を負って四肢を失うてしまったのです。そして達磨のようになって、故郷の漁村に帰った。村の一人の女性が進んでその妻となり、彼は彼女におんぶしてもらって、毎日釣りに行ったそうである。たぶん舟の中だと重いのに背負ってばかりいないで事が済んだからでしょう。

彼は妻に指図して、『おい、もう上げてみよ。……ここは今日は釣れそうもないぞ』等と指図するのを習慣とした。来る日も来る日も沖に出るものであるから、妻女は漕ぐことが上手になり、彼は今日は釣れる、ここは釣れぬという知識を持つに至った。

『あの達磨は魚のいるところを知っとるぞ』

誰いうとなく村々の評判となり、村人は彼の指図にしたがって漁獲をするようになった。そしてついには彼は一つの漁業会社の社長に推されるに至り、今日では多数の子や孫に取り巻かれて幸福に暮らしているというのである。私の読んだその雑誌には一家の写真が出ていました。

このたび直面している六三三の教育制の変革から受くる危機は、我等の学園にとってあるいは致命傷であるかも知れません。けれども私は学園が四肢を失いし人々の如くに枯渇しましょうとも、この漁業会社の達磨社長の如くにすべてを失ったということそのことを、かえって学園をしてさらに思いも寄らぬほどに発展する契機となすはずであります。

どうか皆様、固唾《かたず》を呑んで見ていて下さい」

廃兵達は私の講演を聞いて、自らが薄倖の身の上であることを忘れて、私が北支ですべてを失った体験、今またまさに飲まんとする苦き杯を思って、手のある者は握手を求めて、同情の言葉をくれるのであった。

その講話会の聴衆の中に妙齢の女性がおられた。彼女は忠生村の村会議員のお嬢さんだった。私の講話を聞いて、非常に同情し何とかして委託が行われるようにとお父様に奔走を勧められたそうな。

「桜美林のためにもよいのだし、また村の経済にもよい」

という判断でだいぶ奔走されたと聞いている。私共はそのことは人づてに聞いたが、誤解を受けると悪いと思ってようお訪ねしなかった。

いよいよ四月が来た。私は三十名の入学志願者はあるかな、それとも五十名あるかな、委託説が再現しはせぬかな、わが事ながら固唾を呑んで四月を待った。

とうとう委託は吹き飛んでしまったが、どうだ生徒は二百名も集まったではないか、しかも付近の小学校の優等生が集まってきた。

それもそのはず、教員と生徒達は生徒の入学勧誘努力に必死だったそうである。

私共は新入生のために一個の机も椅子も用意しておかなかった。顔見るまでは用意する気持ちになれなかったからである。生徒が来てくれた。二百名も来た。今度はその机と椅子が新しい心配となった。

「どうしたら、よかろうね」

「去年も俄然与えられたから、今年も忽然として天から降ってきましょうよ」

いって、ユーモア、ジョークのつもりで言っていたら、一米人牧師がトラックを自ら運び来って、テーブル、椅子、黒板、ベンチ、机、うんとこさと山積みにして取って来てくれた。それはちょうど新学期の始まった日であったから、生徒達はそれこそ歓声をあげて、「チア」を叫び喜んだ。教員達は踊れる人々の如き腰つき足どりで、椅子や机をトラックから降ろしたり運んだりした。

「これで新学期が始められる」

と言って喜んだ。翌日、私共は机、椅子を貰ったお礼のため訪れたら、もうすでに米人はおらなかった。どこへ行かれたかときいたが誰も知らぬということだった。

「もう一日遅れると机も椅子も貰えなかったんだね」

「際どいところだったね」

といって一種の神秘を身に感じざるを得なかった。

ところが村の小学校から、去年貸した机を返してくれと言ってきた。一山越したかと思えば、また一山登らなければならない。本当に人生はアルプスまたアルプスである。

ついに私共は父兄会に訴えることに決心した。そこでＰＴＡ[1]を招集したら何と驚いたことには、父兄がほとんど一名も不参者なくぞろぞろ集まってきた。来られぬ者は早朝、理由を述べ断りに来るではないか。私は父兄達にいった。

「諸君、自分の子は自分で育てる、これくらい良いことはないのです。国家に厄介にならずに自分で自分の子を育てる。それが理想です。さすればこそ米英人は私立学校に子弟を入れる。そして私立学校が官立、国立に優るとも劣らぬ学園として発達している。

私立学校がお上に助成金をねだり、それを当てにして学園を経営するのは大いなる間違である。私立学校は寄付と月謝によって経営すべきものです。

学園は今、机、椅子を購う必要に迫られています。どうか応分の御寄付をお願い申し上げます」

と言って、私は壇を降り手を揉みつつ歎願した。

父兄達は欣然《きんぜん》、献金してくれた。そして百人分の机と椅子とを新調することを得た。かくして何もかも揃ったところで、五月二十九日、再び賀川豊彦、小川清澄両先生を招いて、桜咲く学園で二周年紀念《ママ》祝会を開いた。令弟の賀川益慶氏も来て下さった。

式後、来賓と共に教職員は、ちょっとしたリフレッシュメントを頂きながら胸襟開いて語り合った。

「今から考えると委託を引き受けんでよかったですね」

とは一教員の述懐だった。

「どうして」

「どうしてって。やりづらいですよ」

「そうか知らあ」

世には神にきかれざる祈祷、応験《おうけん》なき応験、恵まれざる恵みというものもある。神の考えは私共の考え以上である。

（1）ＰＴＡは親と教師の会。

男女共学論

学園創立の年昭和二十一年は、たんだ一年の相違だったが、男女共学はいまだ日本教育界の既決の問題とはなっていなかった。

学園の校長、清水郁子は昭和六年に『男女共学論』を著している。ある日のこと郁子が所用あってＧＨＱの教育課に行ったら、ホームズ博士が、

「この『男女共学論』はあんたの著書ですか。実によく研究もされ、論ぜられてもいる。この国にも男女共学を早くから唱えていた人がいたことを知って、驚きました。私はあなたの本を英訳させて詳しく読みました」

と言われ、大いに面目を施したそうな。

彼女が在米九年、教育学を専攻して留学生活を終えて帰朝せし時はちょうど民政党内閣の時代だったので、彼女の父は郷里出身の政治家、若槻礼次郎氏に添え文乞うて、文部大臣に取り次ぎ督学官（教育行政官）の猟官運動《りょうかんうんどう》を彼女のためにしたのであった。そして採用の一歩手前で彼女をして、督学官のポストを勝ち得ざらしめたものは実に『男女共学論』という著書だった。その理由は日本の如き国で日本伝統の国民的風俗を無視して、男女共学を提唱するような者を督学官に任ずる訳には行かぬと言うことにあっただろう。

そういう因縁付きの共学論者であるから、ここに学園を創立する以上、どうしても共学でやってのけねばならぬ。そこで私共は中学とも呼ばず、高等女学校とも称せず、桜美林

中等学校と名付けて学園を創立することに決意し、寄付行為や学則や願書一切の書類を作成して、当局に御相談申し上げたのであったが、

「少なくとも二三年尚早です。もう二三年もすればそういう学校が認可になるかも知れない。強いて共学にしたければ中学校と女学校と二枚看板でやりなさい」

二枚看板でやるのはどうかと思う。

家内はせっかく新しい学園を創設するのであるから、初めから堂々、共学で発足したいとも言っていたが許されなかった。

そこでやむえず私共は高等女学校設立の願出をしたのであった。

ところが時勢が時勢のこととて、二三年を待たずして、昭和二十二年度から男女共学の新学制実施の予告が発せられた。学園も高等女学校の看板を下ろして、共学の新制中学校、新制高等学校に移行せば移行できることとなった。

実際から言うと私立の学園として、女性専門の中学校、高等学校を継続する方が経営上かえって有利なのであった。何とならばこのあたりの村々町々に共学の都立、県立の中学校、高等学校が設立される時、うちの学校のみが、女学生ばかりしか収容しないということにせば、少しでも保守的な家庭、心配する親達は共学の町村の学校に娘をやらんで、共

学でない学園へよこすに決まっている。わけても農民は保守、因循姑息《いんじゅんこそく》であるから、そこをねらって学園を経営することは賢いことであらねばならぬ。

私は経営面からして、そういうことを千万感じてはいたが、なにぶん清水郁子、年来の主張を無視する訳にも行かず、また私は中国では三十年教育に従事したものである。中国は民国（大正）八年、小学から中学、大学まで都市においても町村においても、中央でも辺僻でもいっぺんに男女同学[1]を断行してしまったのである。

中国三千年の社会における「男女七歳にして、席を同じゅうせず」という孔丘《こうきゅう》の戒律は日本人など思いも寄らぬほどにきびしいものであった。私が中国へ渡った頃は基督の教会においてすら、男女の席は厚い壁をもって仕切られていた。中国人を得んがために中国人の如くなりて、[2]伝道する宣教師達は教会堂をすら男女不同席にまるで日本のお風呂屋みたいな建て方をしていた。湯銭を受け取る番台が、あたかも講壇《プルピット》（教会の説教壇）というところだ。ただ教会ばかりか劇場にも男女両席があって、汽車の中にも女客房《ニューカーファン》（女性専用室）というのがあったものだ。

こういう男女不同席の国であったにもかかわらず、中国は思い切って日本よりも三十年早く、同学を断行したのである。そうしてその断行の結果はまず、よかったのであって、ことさらに東洋社会では共学は不可であるという議論など、かつて聞いたこともなく、また日本の軍閥《ぐんばつ》が日支事変この方、数年間にわたり中国の半ばに近い都市町村を占領していたのであるが、また軍が派遣して中国に遣わされた日本の教育家は中国の村々町々に入って、中国の教育に干渉し指導したのであったが、私はいまだかつて寡聞にして、在支日本の軍人や教育家が中国の同学の学制をくつがえして、男女七歳不同席を提唱せし者ありしを聞かない。中国でやっていることを日本でやれぬことはあるまい。

それで新学制は共学でもあるし、校長清水郁子は共学論者ではあるし、かてて加えて、もう共学は中国でも実験済みであることだし、いまさら共学を反対してみたところで始まらぬ。私共も桜美林高等女学校の看板をおろして、共学の中学校にしようと決心した。ところがいよいよとなって、財団法人桜美林学園の理事長の賀川豊彦先生が、共学に大反対であったのには驚きもしまた閉口した。

「君、共学はやめ給え。駄目々々、僕は不賛成だ」

と言われたので、なにぶん半生を異国に過ごした私共のことである。何もかも解っているようでも日本と日本人を知悉《ちしつ》していぬところ夥《おびただ》しい。

女学は学校経営上にも有利であるし、(3) 生徒訓練上にも気を使う必要がないから、賀川豊彦氏のお言葉をたてにして、私は極力共学中止を提案してみたが、家内は頑として応じない。

「今日、田村町で教育指導に携わってる米国人のお友達に会ったら言ってましたよ。へえ、日本には共学反対論者がいるって。誰ですか是非逢ってみたい。それは珍しい、引き合わして下さい。一体誰ですか誰ですかって」

「それではこうしようではないか。財団法人桜美林学園理事長賀川豊彦、桜美林学園校長清水郁子両氏の討論会を開いて、そのディスカッションにあんたが勝利を得たら、共学を断行することにしようではないか。

……ただしそれはジョークだ」

ある日の夕方もこんな会話をして笑ったことであった。

（1）中国では男女共学を男女同学と言う。

（2）コリント前書九の二〇。

（3）女学校として経営せば保守的な農村の子女を集めやすい。

伝統的男女風俗

それは昭和二十一年の十一月頃のことだった。東京の私立のある学校の学生達が、賀川豊彦先生を押し掛け的に訪問して、「学生の数は学校の机、椅子の二倍三倍ある、廊下に立っている学生もいる。貴殿が理事長であるから、信用して入学したのである。どうにかして下さい」

強断判をしたのだそうな。

「僕は何十何百の教会、学校事業、組合の理事、理事長をしているんだから、そう一々細かいことを面倒見ることはできぬ」

と答えることは絶対的に良心的でないので、種々お考えになった後に私をお呼び出しになった。

「清水君、学生を引き受けてくれないか。英文を勉強している学生だ」

外ならぬ賀川先生の要請であるから、私は社交的にまた礼儀上、よし引き受けたとは言わずにぜひ紹介して下さい。我々学園は一人でも英文科生が欲しいのですからと、下手《したて》に謙遜して申し上げることを忘れなかった。

ところがやって来た学生は、男子学生であって女子学生ではなかった。当時学園の英文科は桜美林高等女学校専攻科という名称で行われていたから、高等女学校の専攻科に男子学生がいるのは白い羊の群れに狼が入って来たと言うほどではなくっても、黒い山羊が飛び込んできたくらいの感はなきを得なかった。

しかしこれで、理事長の男女共学反対は実行的に取り消されたわけであるから、そこにもひたすらに神の導きを感じて大層喜んだ。

こうした経過で、学園の共学は表向きには昭和二十二年の四月から行われたのであるが、実際は二十一年の十一月から始まったのである。毎日十数名のガールズと数名のボーイズとが机を並べて、英語を勉学するのを見て、私共はまるでアメリカの学校のようだと言って喜んだ。

音楽も男声が入ってから、目立って進歩したようだったし、またクリスマスの劇も両性で演ずることによって、一層引き立った。互いにもう少し近づくとよいにと思うほどに、彼等は遠慮深く平々淡々交際しつつ勉学した。

わずか一年ではあったが、私共は共学はきわめて順調、何の弊害もなく行われうることを知り得たからなんら懸念するところもなく、二十二年の四月から共学を実行することにした。そして英文専攻科には両性数相半ばする七十余名の学生が集まった。

私は桜美林の伝統的風俗の建設を思いたって、入学式に次の如き訓辞をした。

「諸君、すべてのことには皆メリットとデメリットが並存するものです。共学にも弊害が伴うけれどもその弊害よりも利益の方が、比べものにならぬほどに大きいから、実行せねばなりません。

さて共学を行うにあたって、私共の学園は左の四項より成るところの伝統的風俗を打ち建てたいと思います。

一、男生と女生は二人だけしかおらぬ家で、互いに交際せぬこと。家族が皆不在であるところへ異性の学生が訪れて来たならば、縁とか門とかで相語り合うとも座敷に上げぬこと。二人だけになって、部屋で語る時は窓を開けるなり、カーテンを上げておきて、オープンに交際すること。

二、夜の道路は二人で歩かぬこと。昼間でも草が蔽うてるような人通りの少ない道路を二人で歩かぬ。要するに人々に隠れて、ひそかに交際せぬこと。男学生が女学生の夜行を保護する場合は距離をあけて護ること。

三、泊まりがけのトリップは許されぬ。
四、文通は自由であるが、いつ父母、先生に開かれてもよいところの手紙を書くこと。
戒律は右の四カ条であって、学生はこの戒律を冒さぬ程度で、自由に気持ちよく交わることであります。

私が米国オハイオ州のオベリン大学にいた頃、米国の社会にはジョイライドが流行していました。ジョイライドというのは二人が自動車で出掛けて田舎道、山道へ行き享楽することでありました。

オベリンの学生達はその風潮に反対して、自粛を叫んでいました。ある日夕立の雨の中を濡れネズミになって、一人の女学生が歩いていました。ちょうど通りかかりし同級の男学生が、自動車を止めて雨にぬれし女学生を乗っけて寄宿舎まで届けました。

このことは何等の問題にもならず、その学期を終わりました。けれども二人はオベリンの伝統を破ったという自責に耐え切れず、彼氏はダットマス、彼女はスミスという風に共学でない大学へ移り、夏休みが過ぎてもオベリンのキャンパスにはその姿を現わさなかったのであります。

諸君も必ず、よき桜美林の伝統を建設するために協力して下さい」

私はこれだけの訓辞を述べて、共学の新学年を迎えた。中学部高等部も各クラス、学級の机は二人分ずつくっついているから、両性学生、相並んで席に着き自由に交際してるようだった。あるクラスはABC順、あるクラスは身長順、あるクラスはイロハ順、クラス主任と学生の好みに応じて席順を定めたが、ある机にはちょうどよく両性相並び、ある席は偶然女学生が二人ひっついて並ぶことになったが、大部分は男女両学生が隣接して坐らねばならなかった。けれども幸いに何等の弊害も見出さなかったようであった。

けれども英文科の学生達はどうもうまく行かぬようだった。彼等は中学、高女時代に相離されて教育されている。自然に交際する訓練がついていない。無闇に興奮、エキサイトして、はしゃいでバランスを失い、馬鹿に頓狂《とんきょう》な大きい声で喋ったりして困る。

なにぶん、にわかに新しい時代が到来したのであるから、男女交際の常識を知らない。青年男女が知らぬばかりか、親達も知らない。

Aという女学生が盲腸に罹った。入院する時男学生がリヤカーに乗せて、すでに夜半ではあったが隣村の病院へ担ぎ込んだ。そこまでは男学生のなすべき行動として満点であった。

ところが入院してからというもの、毎日見舞いに行くのは男学生であった。両親も来て付き添っているのであるから、そう毎日行かんでもよさそうなものであるのに行く。女学生の方は同性でありながら、近所に住んでいても入院直後と退院直前とその中間の合計三度行っただけである。そしてそのくらいのお見舞いがコンモンセンスであってそれで十分なことなのである。同性であってもそう毎々訪れてへたり込んだら、第一患者も疲れてしまう。いわんや異性であったらその病院の看護婦に対しても、恥ずかしがりそうなものである。

ある日B男生が私を訪れて、「先生僕は学校をやめます。それはCさんと二人で夜半グラウンドの芝生で坐って、語り合いましたから」と言う。私は黙ってBの顔をじろじろ見ているとD学生がノックした。私がお入りと言うたらにやにや笑いながらDは入ってきた。「先生、僕はEさんとお便所のところで毎夜遅くまで話しました。今後絶対に致しませんからお許し下さい」と言う。

私は二三日前、一人の教員からこの頃BとC、DとEが、闇の中でお話をしてるのを見た。それはもうだいぶ評判になっていると聞いたが、君等のことだろう。どうか建設したばかりの桜美林伝統を破らぬようにと極めて簡単に注意、戒めてそれで済ませた。

DとEの問題はそれで終了したようだったが、BとCとは相変らず二人で夜道を歩いているという報告があったから、私は教員会を開きいかにすべきかをはかった。教員会は相当長い時間討議した結果、四対六でＢＣをお断りせぬことに決定し、もっぱらＢの反省を促すことになった。

私は白状するが、その厳格派の四人の中にいた。そうして郁子は寛大派の六人の側にいた。そこで私は夫婦のことであるから、食事の時といわず散歩の折を問わず、これでは桜美林の不文律は建設できぬ。これだから賀川さんが共学に反対したのだ。ここらで引きしめなければ、箭柄八幡[1]の神域の松林を汚すものが出る。とか、何とか言って家内をせめた。そうしたら家内はとてもナーバスになって、Ｂを呼び出してついに断ってしまった。

断られても泣きを入れてくるほどにわが桜美林学園は、学校としての名声を持ち合わせていなかったからしようがない。Ｂは学園を退いて米人ホームのボーイに行った。

「先生、ＤとＥが山のふもとの路傍に草を敷いて逢っているのを見つけました」

と言う学生があった。

「君、人のことをそう心配せんで勉強し給え。君は None of your business[2] という英語を知っとるかね」

早く夏休みになればよいと幾度思ったか知れなかった。賀川先生が共学を大いに反対さ

れたわけも、身にしみて解ったわけだ。夏休みに入る前、終業式を開いて私は、
「約束通り、共学の桜美林不文律を破った者は、九月になっても帰って来ぬように」
くれぐれもいっておいた。それかあらぬか、九月の新学期に帰ってきた一年級は学生は二十名ばかりに過ぎなかった。

学生が少数であるということは学問のためにも、訓練の上にも最もよいことである。二学期、三学期は去るべきものは皆去った後であったからでもあったろう。清水安三と共に夢の見られぬ学生は頭からふけが落ちるが如くに離れ去り、学生の数こそ減ったが桜美林の伝統はここに確立するに至った。二十三年三月、私は学生達をすき焼きに招いて宴を開き、宴半ばに立って言った。

「諸君、一年かかって狭い門[3]はようやく築かれた。学園はこの狭い門を通って進んで行きましょう。私共はすでに老い、余命いくばくもあるまい。けれどもせめて学園百年のためによい伝統、よい方向づけだけはしておきたいと思う」と。

(1) 学園は箭柄八幡神社の境内にある。老松古杉の森に隣している。

(2) 余計なお世話だ。

（3）ルカ伝一三の二四。ヨハネ伝一〇の九。

学園の特長

桜美林の特長はと人々に問うたならば、先生でも生徒でも父兄でも村の人でも皆異口同音もっていうであろう。桜美林学園は家庭的である。またかつて崇貞学園にいた人々は誰も彼もいうであろう。「桜美林は崇貞とまるで同じですね」と。崇貞の学生は大部分、支那人だった。そして桜美林の生徒は日本人ばかりである。崇貞の教員は大部分、支那人だった。そして桜美林の教員は日本人ばかりである。

それだのにどうして、こうまで同じ雰囲気、アトモスフェアが醸せるのであろう。どうしてこうまで同じ味が出るのであろう。

そんなにどこが似ているのですか、いって開き直って聞いても、それは言葉では言い得ぬという。

しかし強いて言うならば、学校が整然としておらぬ。一色で塗り潰したようなところがない。兵隊のオンパレードのようなところがどこにもない。整える庭園ではなく、まるで雑木林のようである。巨木も雑木も盛んに枝を張っている。なまけられるだけなまけるものもいれば、几帳面に隅から隅まで気をつけてやっている人々もいる。怠け者のもたらす不評判を真面目な人々が補うて行く。命令一下《いっか》では動かぬが、思い思いにやっている。束ねないままで置かれたる燃し木のようである。ばらばらである。束ねてないから運ぶのにも骨が折れるが、いっぺんに皆誰かに運び去られる恐れもない。この学園を悪いように言う者は、ありふれた凡百のいえども、大学の教授のようである。この学園を悪いように言う者は、中学部高等学校の教員と学校を学校としか思っていないからである。

学園は教員のコモンウェルス（団体のこと）であるから、学園がうまく行かねばいずれは各自の損害になって来るから、自然怠け者はいにくくなる。そこに自然淘汰があるわけだ。

私は教員を招聘する時は相当慎重に考えるが、その後は成るようにしかならぬ。誰に代えてみても似たりよったりだ。自分で気がつくまで待つより外に仕方あるまい。後は野となれ山となれで行く。

私は学校というものは、こうあるべきだと考えているが、教員達に聞いてみるとこんな学校はどこにもないそうな。それゆえに一通り県立学校あたりで鍛えられた先生であればよいが、初任からこの学園へ来た人々はこんなことでよいと思ってしまうから、いけないそうである。

ファカルティ・ボディー（教員組織）が変った行き方であると同様、スチューデント・ボディー（学生組織）も随分と風変わりである。

第一、桜美林には制服がない。学生達は思い思いである。色彩、紋様、縞、好み、似合い、調和等のセンスが最も発達する年頃に制服を用いさせることはどうかと思うからである。私は日本の女学校はまるでお葬式みたいで嫌いである。赤い色も黄色も緑も美しい色彩は一つだって見られない。皆んな紺色、そうでなくば黒の制服を着ている。アメリカあたりの女学生の集会に行って見るがよい。花園の如くに美しい。

男学生でもそうだ。まるで兵隊のようだ。服装ばかりでない、講演してもにこにこ笑って聞く学生はおらない。また笑ったりすると怒る学校もある。せっかくユーモアを語っても唇をかんでいるではないか。そして右を向けと言うと一斉に皆右を向く。どうして向けと言われても向かない学生がいないのか。意気地のないことである。

今はすでに去年の春のことであった。六名の宣教師代表が学園を訪れた。一人の宣教師がいわれた。

「まるで米国のハイスクールに来たようだ」

と。米国の学生は皆皮靴をはいているのに、うちの学生は大部分下駄をはいている。米国の学生は金髪と青い目を持っているのにわれらの学生は漆黒の髪と茶色の眼である。どうしてそれだのにそうした印象を与えたのであろう。それは桜美林の学生がのびのびしていて、ユーモアを聞いてどっと笑うことを知っているからである。着物が赤、黄、白、種々であるからである。

「うちの生徒ってしようがない。私の部屋でお弁当を食っている一人の女生徒があったから、アンタどうしたの。日直なの。(1) いいえ校長室は暖かそうでしたからといっているのですよ。なんて事でしょう」

これは校長郁子先生の憤慨であるが、私はその憤慨を聞いてそれも一つの桜美林学園を物語る一資料であると思った。

桜美林学生のユニークな特長は学園が一つの大家庭であるというところにある。本当にアットホームに感じつつ皆んなが働き学んでる。

ある日のチャペルで最もこわがられているという訓育部長の体操教員が、学生達をなじった。

「昨日、バレーボールを蹴って遊んだ者がある。このように破れている。昨日はすべてのボールを私の寝室に入れておいた。そしてドアに鍵をかけておいた。それだのにボールが使われている。誰か我が輩の部屋に入った者があるに相違ない。部屋に入るには上の欄間の窓から入るよりほかに方法はないはずだ。誰かが柱をよじ登って欄間をくぐって入ったに相違ない。誰がそんなことをしたんだ。今日の内に言ってきたら堪忍してやる。申し出でよ」

私はこの怒号を聞きながら思った。欄間をくぐってボールを取り出す。それはおそらくうちの学園の学生がやりそうなことだと。先日のこと米国教育界ナンバーワンのミス・シ《ママ》イバー女史が来られた。一人の生徒が女史の自動車に近づいて、「ガーッシュ・サンキュウ」といったそうな。この野郎ありがとうという意味である。先生をちょっとも恐れない。

各クラスを通じて観察できることは、勉強する者は勉強し、しない者はせぬようだ。英文科の学生の中にも学生は東大、女生は津田に行ってもトップを切るであろうと思うほどに何でも知っている学生がいる。えらいものである。

桜美林の先生達は学生を呼び捨てしない。「君」と「さん」とを付けて呼んでいる。一年級も二年級も三年級も皆平等であって、階級の差がない。下級生に忠告がましいことを言う権利はない。上級生であるからとて敬礼を要求することができぬ。敬礼は会釈のほかに何もいらぬ。先生に対しても唇を少々ほころばして、ごく少しく首を下げ気味にすればよいのである。ただ絶対にしてならぬことは顔をそむけて知らぬ振りして行き違うことである。

いかなる必要があろうとも殴ることは許されない。

いかなる場合といえども互いに愛し合うこと。親切は桜美林の学風である。もしこれらのことを私が中国語でもって「我的学校的精神如此《ウオダシュエシャオダジンシェンルーツー》」（我が学校の精神は此の如し）と言っていたならば、北京朝陽門外の人々は、これはかつての日の崇貞学園の精神を語っていらっしゃる。「清水老師又講崇貞学校的精神《チンシュイラオシーヨウジャンチョンジェンシュエシャオダジンシェン》」（清水先生はまた崇貞学園の精神を講ぜり）と言うに違いない。

ああ。崇貞学園はもはやこの世に無いと誰が言うことができよう。

このここに依然として、厳として存在しているではないか。「来りて見よ‼」である。

（1）学園には給仕も小使（雑用係、用務員）もいない。学生自ら代わるがわる日直を勤めて、勤務、責任感の実地訓練を受けている。

教育革命を提唱

私が教員と学生とに向かって、口が酸っぱくなるほどに言うことは Punctuality(1) ということである。日本の人々にはこれがどうしても実行できない。

学生は遅刻、欠席することを何とも思わぬ。専門学校、旧制高等学校の学生は欠席することを誇っている。教室に出ることを義務と考えていない。また休んでも及第できるような試験の仕方をする。出席点というものを勘定に入れない。努力点を与えない。代返といって、出席簿を読まれて代理返事をしてもらうことを許している。出席簿に百名の姓名が載って、それが皆出席であるにもかかわらず、二十名ばかりしか講義を聞いていなくってもとがめもせず調べもせず、そのまま知らぬ振りするのを教授の取るべき態度と考えている。

米国の如き自由の国ですらも学問はほとんど皆出席であって、滅多に欠席しない。三分の一も欠席したら、いかなる理由があろうとも試験を受けることが許されぬ。私は過ぎる二年間というもの、桜美林学園にパンクチュアリティの伝統を建設するために精魂を尽くした。

教室に出席することのできぬ者は退校するがよい。インフレのためアルバイトをせねばならぬから、学校を休まねばならぬものであるからとて、例外を許さぬ。その他いかなる理由があろうとも欠席は許しえぬ。欠席せしものは試験を受けさせぬ。

私は心を鬼にして日本の教育界情勢と戦っている。

それほどに言っても四、五名のものが途中欠席したから、私は怒ってもう英文科を閉じてしまい、廃校にすると言い出した。私は桜美林に男女共学の伝統風俗を打ち建てるために余計もない学生の半ばを失い、それからパンクチュアル・スクール・ライフを建設するために残る半ばの学生を失った。しかもその失いし学生の中に有為の青年が少なくとも数名はいたのである。

学校というところは卒業証書を得るところでもなければ何でもない。学生が共に議論したり、遊んだり、教師と学生が討論したり、学生が報告したり、教員が指導したりするところであって、ノートを作るところでも何でもない。

私は決して頑固な男ではない。たいていのことは譲る者である。けれども教室出席の問題は絶対的であって一歩も譲らぬ。誰が何と言っても譲らぬ。私にもう一つ日本の教育に挑戦することがある。それは服装と住室の整頓清掃である。

天野貞祐《あまのていゆう》博士は一高校長を辞して後、新聞や雑誌に日本の旧制高等学校教育を謳歌《おうか》していられる。

なるほど高等学校なるものには優れた数々の特長もあるであろう。けれどもあの高校学生の服装はどうだ。髪をうっそうと伸ばしている。破帽《はぼう》と厚歯下駄《あっぱげた》。彼等をまだ日本で見ている間はよい。上海の大道を狭しと歩きし同文書院の学生を見て、中国人にして顔をそむけない者があったろうか。質実剛健《しつじつごうけん》もほどほどにしてもらいたい。

私の長男が医大の予科時代、ある夏北京へ帰ってきた。中国人の富豪が、一夕私と私の家族すべてを招待してくれた。その翌朝、その中国人富豪は私をわざわざ訪れて一束の紙幣を出し、「どうか令郎のために洋服と帽子と靴を買って下さい」と言った。長男の帽子が頭角を抜いているのと洋服の尻部からロング・ハンカチーフがはみ出でて、片方の靴の底がもう全然なくって、草履をはいてその上に靴を蔽うているのを憐れに思ったからである。

ＹＭＣＡの末包総主事(2)が二高の寄宿舎を訪れた感想に、

「ウオー、ウオア」

という狼か虎がほゆるにも似たる声を聞いた。それが学生の呼び応える声であったと雑誌「開拓者」に書いておられる。

彼等の住室ときたら、もっと物すごい。廊下には塵埃、紙屑、古草履、古下駄、雑多のものが落ちている。その光景は農家の屋敷にある堆肥場のほかに、似通うたものはなかろう。歩くとざあざあ、ざくざくとけたたましい音がする。

「パパが来た記念に一つ掃いて行くのだ。箒一本借りてきな」

と言うと息子は渋々部屋を出て行ったが、五分待っても帰ってこない。十分たっても戻らぬ。どこへ行っちゃったかと思いながら、待っているとやっと帰ってきたことは帰ってきたが、竹の棒の先に、切れてささらの如くに残っているしゅろ箒を持っている。

「どうしたんだ」

「各棟皆捜したが、これ一本しかなかった」

部屋の中は、これが大切な坊っちゃん達の寝る部屋かと思うと、涙が出てくるほどに狼藉を極めている。枕から出た籾がらは散乱している。靴下は鯡《にしん》の如くにかんかんになって転んでるし、蒲団は破れて綿が半ば出てしまって、丸められた新聞紙が詰っている。

南京虫と蚤がぞろぞろしている。

「小父さん。僕達は蚤や南京虫に食われるくらいのことで、眠れないような老いぼれではありませんよ」

これは同室の学生の啖呵である。これで品性がキャラクターがラフ（粗暴な様子）にならぬで、どうしたらなるであろう。三つ子の魂百までで、この高校時代に養成されしラフキャラクターは一生、付きまとうのであろう。

私は東京裁判を見た。あの被告は士官学校と海軍兵学校を除いたら、皆高等学校卒業生である。そうでないものは松岡洋右氏くらいのものだろう。松岡氏はカリフォルニアでデイウォ《ママ》ークをしたり、玉ころ《ママ》ばしの店番をしている時にあのラフキャラクターをでっち上げられたのであろう。痛快な人物ではあったが、ジェントルマンシップに欠けしところがあったかと思う。

日本を敗戦に導きし原因には種々あろう。しかしその一つは多くの人々が見逃している。乃木大将と山下大将は、勝利に日本を導きし日本軍人と敗北に陥れし日本軍人とをよく象徴している。ステッセル（ロシアの将軍）が水色の服を着れば乃木将軍は自らも赤い袴に着換え、「どうか刀を帯びて」と言って礼譲を尽くして敵将に見《まみ》えている。ところが山下大将は「Yes かNoか、さあどちらか」と言ったような、持ち前のラフなキャラクターがぶっきら棒に出てしまっている。

維新の元勲《げんくん》達は少年の頃、朝夕雑巾をかけることを教えられた。折目正しい袴を穿かずには外出せぬ学塾生活を過ごしてきてるのである。武士道の躾を十分に受けている人々だった。

私は言う、日本を亡ぼしたものはラフキャラクターである。打倒すべきものは高等学校の伝統的放任、質実剛健教育である。

某高等学校では寄宿舎を大掃除せしめた者は歴代の校長一人もないそうであるが、進駐軍の一軍曹が来て、雑然たる寄宿舎を見て驚きただちに命じたところ、ベッドを壊して燃して芋を焼きし時くすぶれる天井の煤までも拭い取られて、まるで米国の大学の寄宿舎のようになったそうである。

私は学生をしてその住室を整頓、清掃せしめるためにありとあらゆる方法を尽くしてみた。けれども日本中の専門程度、高校程度の学生が放任教育を受けているためか、てんでやってみようという気にならぬようだ。そこで私は今こう考えている。やはり小母さんを一人頼みおきて、男学生の部屋を三日に一度くらいは掃除してやることにしなければならないと。

そしてそれが少々贅沢なことであるとしても、男学生の品性をラフになることから救い得れば、まことに安価なものでありはすまいかと思う。

天もし私に七十七歳の長命を給うならば、私はきっと桜美林の英文専攻科を理想の大学にまで育て上げてお見せする。今日では短大英文科は高校、中学部からまだ自立できていない存在であって、中学校は五〇三名、新制高等学校は九三名、そして短大は五三名である。英文科の取る授業料は一人の教授の給料をすら支えかねる。

けれども中学部は付近の町村の初級中学が向上するにつれ、入学志願者が少なくなり、学園はただ一クラスか多くて二クラスくらい設けて、特に教育に熱心な親の子だけを教育するに至るであろう。

その代わり、今に短大英文科に日本全国から学生が雲霞《うんか》の如く集まり来り、学園を支える時代が来るであろう。

（1）（Punctuality）は几帳面に時間を厳守すること。
（2）「開拓者」四五七号、末包敏夫《すえかねとしお》氏「高校生への公開状」参照。

神の国とその義

されば私共は日夜に、神の国とその義とを求めつつ、なくてならぬものが与えられんことを祈っている。およそ私学経営というものくらい、資金を必要とするものはない。さればこそ米国の私学学園でも募金キャンペーンに能力、才幹のある人材を選んで、総長、校長に任ぜしむるのである。

ところが不肖、私にはその募金が最も苦手なのである。世に募金くらいいやな仕事がまたとあろうか。私は思う。世には種々なる仕事があるが、いかなる仕事よりも、教育と伝道くらい楽しい楽しい仕事とてはない。またいかなる仕事よりも、寄付金募集くらいいやな、辛い仕事はない。実にようしたもので、その一番いやな募金をせんければ、一番楽しい教育と伝道ができないことになっている。何という皮肉であろう。学園の会計袋は時折、三千円の預金高が切れることがある。

今年（一九四九年）の元旦に私は二首の無韻詩を得て、試筆とはなした。

前年移種一老櫻　去年出葉不開花（一昨年に一老桜を移植するも　去年葉は出ずれども花開かず）
今年三月果如何　期待而迎此新春（今年三月は果して如何　期待して此の新春を迎える）

前年と言うは一昨年のことである。学園も建てて足かけ四年とはなった。

落壁破窓任風雨　三年営々注心血（壁は落ち窓は破れ風雨に任せ　三年営々と心血を注ぐ）
誰説此校是破家　不知邦家又如此（誰か説う此の学舎破れ家かと　知らず邦家又此くの如しと）

誰か説《い》う此の校是れ破家《ボジャ》（わが国もまた）知らず邦家また此くの如しとはよく歌ったものではないか。我ながら感心している。

私は本当に、とんでもない、でかい事業を興したものである。そして息絶え絶えに重荷にあえいでいる。しかしこの時に際して、私を力づけてくれる聖句がある。

「汝もし、からし種ほどの信仰あらば、かの山を海に移らしむることを得ん。ああ信仰うすき者よ」(1)

何という力強い聖句であろう。それからもう一つの聖句、

「求めの切なるにより、その要するほどのものを与えん[2]」

という聖言葉である。

おお読者諸君、どうかこの学園のためにお祈り下さいませ。我等の学園それ自身が、過ぐる三年間において、実に不思議なる神の恵のテスティモニー（証明、証言者）でありし如くに、今後も長く長くおよそなくてならぬもの、人材と資金とが与えられて、神の奇蹟を広く世に証するところの益となり得るように。（この項、一九四九年三月二十二日誌）

（1）「馬太伝」一七の二〇。
（2）「路加伝」一一の八。

引き揚げ後の崇貞学園

崇貞学園はどうなりましたか。今どうなっていますか？　この質問はお会いする昔の学園同情者から異口同音にお受けする。接収並びに引き揚げについては、一応の御報告は申し上げて、御礼と御詫とを含めた意味深重の御挨拶をさして頂いていますが、その後私共より二年近く遅れ、他の残留者達と共に引き揚げてきた私の娘、星子（小川武満牧師夫人）はこういう良い報告をしてくれた。

「北京を引き揚げる前日、崇貞学園を訪問したのよ。校長の中国人が自ら案内してくれたの。あたしがパパの頃よりも奇麗になっていますわと言ったら、本当にそう思うか。そう聞いて私も実に嬉しい、あなたが国へ帰ったら、そのことをパパに報告して下さいと言っていたわ」

それからもう一つ私の娘は報告してくれた。

「あたしが朝陽門外を通ったのは朝九時でしたの。すると美しいセーターを着た女学生が、外国製の大きい輪の自転車で、ぞろぞろ走っていましたのよ。その女学生こそは、今の崇貞の女学生よ。パパの頃のような貧しい姑娘《クーニャン》は一人だっていないわよ」

その報告には、さすがの私もちょっと顔をしかめたが、しかし私は心中、痛快の極みだった。

◎著者略歴（▼は社会情勢、周辺事項）

『石ころの生涯』（二〇〇九年三月二〇日改訂増補第五版）より作成

年号	年令	略歴
一八九一（明治二四）	〇	六月一日、滋賀県高島郡新儀村字北畑（現・新旭町）にて出生。
一九一〇（明治四三）	一八	四月、安井川尋常小学校、安曇川高等小学校、滋賀県立第二中学校（のち膳所中学校）を経て、同志社大学神学部に入学。
一九一五（大正四）		三月、同志社大学神学部本科卒業。卒業論文「トルストイの内面生活」。 一二月、歩兵第九連隊に一年志願兵として入営。
一九一七（大正六）	二五	五月、少尉任官、除隊。神戸出港、日本組合基督教会宣教師として中国へ。
一九一八（大正七）		六月、大連経由、奉天（現・瀋陽）到着。横田美穂（二四歳）と大連教会にて結婚。

一九一九（大正八）		三月、北京に移住。大日本支邦語同学会に入学。 ▼五四運動 五月、被災児童収容所設置（翌年五月、解散。一〇月、その功労に対して中華民国大統領より受勲）。
一九二一（大正一〇）	二九	五月二八日、北京市朝陽門外にて「崇貞平民女子工読学校」を設立（生徒数二四名で発足。二年後、学制改革に基づく私立小学校として政府に登録）。
一九二四（大正一三）	三三	七月、北京出発、大阪教会にて按手礼を受け正牧師となる。 八月、妻と共に横浜出港、アメリカへ留学。 九月、オベリン大学神学部大学院に入学。
一九二六（大正一五）		五月、オベリン大学卒業、B. D. 学位取得。帰国。
一九二七（昭和二）		夏、『基督教世界』誌編集主任。 ▼南京事件
一九二八（昭和三）		二月、同志社にて大学・予科・女子専門学校講師、中国政治思想史・東洋史・中国史・中国哲学史など担当。

		野球部長兼任。
一九三二（昭和七）	四〇	同志社大学講師辞職。近江兄弟社北京駐在員に就任。
一九三三（昭和八）		一二月、妻・美穂逝去。享年三八歳。
一九三六（昭和一一）	四五	六月、小泉郁子（四三歳）と天津教会にて結婚。 九月、崇貞女子中学（三・三制）を正式設立。
一九三七（昭和一二）		七月七日、盧溝橋事件勃発、日中戦争に拡大。
一九三九（昭和一四）		一月、社会事業「愛隣館」開設、館長として運営。 三月、「崇貞学園」と改称。 一〇月、北京発、募金講演旅行へ。南京・上海・台湾を巡遊。
一九四一（昭和一六）		一二月、横浜出港、ハワイ経由アメリカへ（翌年七月、北京帰着） ▼一二月八日、太平洋戦争
一九四五（昭和二〇）		▼八月一五日、ポツダム宣言受諾 一一月、中国政府、崇貞学園を接収。

一九四六（昭和二一）		三月一九日、中国から引き揚げ、山口県仙崎港に上陸。 三月二二日、東京着。 五月五日、桜美林学園開校式（高等女学校、英文専攻科として正式認可五月二九日。学園長・清水安三、校長・清水郁子）
一九四七（昭和二二）		三月、桜美林中学校設立認可。
一九四八（昭和二三）		三月、桜美林高等学校設立認可。
一九五〇（昭和二五）		三月、桜美林短期大学設立認可。学長・清水安三。
一九五一（昭和二六）		三月、北米・南米へ募金講演旅行（一九五三年三月帰国）。
一九六六（昭和四一）	七四	一月、桜美林大学設立認可。学長・清水安三。 六月二四日、清水郁子、脳溢血により逝去。享年七一歳。
一九六八（昭和四三）		三月、桜美林幼稚園設立。園長・清水安三。 六月、米国オベリン大学より名誉博士号を授与される。
一九七五（昭和五〇）		五月、同志社大学より名誉神学博士号を授与される。
一九八八（昭和六三）		一月一七日、急性心不全により逝去。享年九六歳。

〈著作一覧〉

『支那新人と黎明運動』（一九二四年、大阪・大阪屋書店）
『支那当代新人物』（一九二四年、大阪屋書店）
『支那革命史論』（一九二九年、旅順・南満州教育会）
『支那の人々』（一九三八年、東京・隣友社）
『姑娘の父母』（一九三九年、東京・改造社）
『朝陽門外』（一九三九年、大阪・朝日新聞）
『開拓者の精神』（一九四〇年、隣友社）
『支那の心』（一九四二年、隣友社）
『支那人の魂を掴む』（一九四三年、東京・創造社）
『希望を失わず』（一九四八年、桜美林出版部）
『中江藤樹の研究』（一九四八年、桜美林出版部）
『史的中江藤樹』（一九六二年、桜美林出版部）
『中江藤樹はキリシタンであった』（一九五九年、桜美林出版部）
『中江藤樹』（一九六七年、東京・東出版K・K）
『桜美林物語』（一九七一年、桜美林出版部）
『北京清譚』（一九七五年、東京・教育出版社）
『石ころの生涯』（一九七七年、桜美林学園）

【著者紹介】

清水安三（しみず やすぞう）　桜美林学園創立者

1891年、滋賀県生まれ。中学時代に牧師ヴォーリズと出会い、同志社大学神学部に進学。

1917年、キリスト教の伝道者として中国へ渡る。1921年、弱い立場にある少女のための実務教育機関・崇貞平民女子工読学校を朝陽門外に設立。当時、その教育姿勢が評価され、「北京の聖者」と称された。この間、米国オハイオ州オベリン大学に留学。

1939年、崇貞学園と改称。敗戦により北京政府に接収される。帰国後、後妻の清水郁子とともに東京郊外に学校法人桜美林学園を創立、「キリスト教精神に基づく国際人の育成」を建学の精神に掲げる。

学びて人に仕えることを意味する「学而事人」は、清水安三が終生大切にした言葉であり、同学園のモットーとなっている。1988年に逝去、享年96歳。

希望《のぞみ》を失《うしな》わず

2020年3月20日　初版第1刷発行
2024年2月20日　　　第5刷発行

著　者　清水安三
発行所　桜美林大学出版会
〒151-0051　東京都渋谷区千駄ヶ谷1-1-12
発売所　論創社
〒101-0051　東京都千代田区神田神保町2-23　北井ビル
tel. 03（3264）5254　fax. 03（3264）5232　http://ronso.co.jp
振替口座　00160-1-155266
装　幀　奥定泰之
組　版　ポリセント
印刷・製本　中央精版印刷

ISBN978-4-8460-1911-2